杜学文　著

何以直根

漫谈山西与中华文明

HEYI

ZHIGEN

山西出版传媒集团

山西人民出版社

总　序

　　习近平总书记在云冈石窟考察调研时指出，要让旅游成为人们感悟中华文化、增强文化自信的过程。整个山西，就是一座可触摸、可亲近、可对话的"中华文明博物馆"。山西形似一片绿叶，在这里，抓一把泥土就能攥出文明，踩一个脚印就能看到历史，厚重文化是它的亮彩底色，青山碧水是它的盎然生机。

　　走进这片树叶，历史记忆呼之欲出。山西有西侯度、匼河、丁村等遗址，是远古人类发展的典型印记；山西有陶寺遗址，是地中之都、中土之国，这里最早叫中国；山西有最早的水井，依水而居、背井离乡，这里是华夏最早的故土……2800多年前，平遥始建，旧称"古陶"，终成中国古代城市在明清时期的杰出范例。近2000年来，五台山历经沧桑、兴废有继、珠联璧合地将自然地貌和文化形态融为一体，成为中国四大佛教名山之首、中国文化景观与思想内蕴相结合的典型代表。1500多年前，"丝绸之路"东端的古都平城开凿云冈石窟，是为中国石窟艺术的经典杰作、中外文化融合转化的历史丰碑。

走进这片树叶，文化传承跃然其上。山西有洪洞大槐树，寄托着无数华夏儿女的乡愁；山西有晋商故里，万里茶道的驼铃在欧亚大陆回响；山西有抗战根据地，是中国抗战敌后战场的战略支点；山西有红色基因，孕育了伟大的太行精神、吕梁精神，赓续传扬。

走进这片树叶，表里山河雄伟壮阔。奔腾不息的黄河是它的涓涓血脉，逶迤绵延的长城是它的铮铮铁骨，巍峨耸立的太行是它的不屈脊梁。在悠长的自然变迁中，三晋大地造就了壶口瀑布、乾坤湾、老牛湾、王莽岭、八泉峡等奇观胜景，孕育了"地肥水美五谷香"的绿色生态。《人说山西好风光》处处传唱。

山西，是一片蕴藏着故事与力量的土地，承载着千年华夏的荣光，守护着中华文明的源头，如同一部文明演进与社会变迁的活态教科书，生动地呈现着传统与现代的交融之美。山西之美，美在遍地镌刻的历史印记，一眼千年。山西之美，美在三晋儿女的奋然前行，一腔热忱。山西之美，美在表里山河的秀美壮阔，一游难忘。

五千年文明看山西！来山西就是在历史中遨游，在山河中行走，就是在读一本家国的大书，行一场人生的壮游！

山西省委、省政府全方位推动高质量发展，推进文旅融合，作出"两个转型，文旅先行"的重要部署。山西的文旅产业已步入高质量发展快车道，三晋大地正成为海内外游客宜游宜养的度假胜地和广大投资者的兴业热土。为忠实践行习近平总书记在山西考察调研时的重要指示精神，在大力实施文化强省战略上迈出新步伐，加快推动文旅融合高质量发展，山西省文化和旅游厅与山西省作家协会组织编写了"走读山西"系列丛书，分册内容涵盖山西的历史文化、戏曲民歌、壁画雕塑、古建戏台、红色文化等多个领域。丛书图文并茂、深入浅出，具有很强的趣味性和知识性，是山西文化旅游优质资源的资料库，是山西文化旅游产业发展优势的展示台，也是山西推进文化自信自强，向世界讲好山西故事的金色名片。

习近平总书记在党的二十大报告中指出，要讲好中国故事，传播好中国声音，展现可信、可爱、可敬的中国形象，推动中华文化更好地走向世界。相信这套丛书能够为省内外、海内外人士提供方便，让更多的人走进山西、了解山西、爱上山西。

是为序。

目录

引言　华夏文明与中华文明及其直根

近年来，弘扬中华优秀传统文化，建设中国特色社会主义先进文化越来越受到重视。关于中华文化，我们仍然需要对一些基础性的东西进行梳理研究。人们常说，山西是华夏文明的发祥地，华夏文明看山西。还有人认为，如果不了解山西的历史，就很难了解中国的历史。这些说法尽管不太一样，但都在强调山西在中国历史发展中的重要性。那么，是不是真的那么重要？山西与华夏文明的关系到底是怎样的？华夏文明与中华文明的关系是什么？这里，我们就山西与中华文明的关系进行一些粗浅的探讨，以抛砖引玉，就教于大家，并引起更多人的关注与研究。

我国著名的考古学家苏秉琦先生有一个非常重要的论断，他在深入研究的基础上指出，中国古文化的发展演变有一条从中原到北方再折返到中原的文化联结带，这一文化联结带就在今山西沿汾河流域北上，再返回至晋南的区域中。他认为，"它在中国文化史上曾是一个最活跃的民族大熔炉，距今六千年到四五千年间中华大地如满天星斗的诸文明火花，这里是升起最早也是最光亮的地带，所以，它也是中国文化总根系中一个最重要的直根系"。苏秉琦先生进一步对仰韶文化庙底沟类型与红山文化二者之间"花"与"龙"的融合进行了分析，认为陶寺遗址中表现出来的具有从燕山北侧到长江以南广大地域的综合体性质，表现出晋南是"帝王所都曰中，故曰中国"的地位，使我们联想到今天"华人""龙的传人"和"中国人"的称呼所来。"中华民族传统光芒所披之广、延续之长，都可以追溯到文明初现的5000年前后。正是由于这个直根系在中华民族总根系中的重要地位，所以，20世纪90年代我们对中国文明起源的系统完整的论证也是以这一地带为主要依据提出的。"（苏秉琦：《中国文明起源新探》，辽宁人民出版社、人民出版社，2013年，第92页）苏秉琦先生的这些论述十分重要，影响极为深刻。其间有几个关键词：一是"陶寺遗址"与"晋南"，强调了一个对华夏文明的形成来说十分重要的地域；二是"中国"，强调了是在晋南地区；三是"直根系"，强调了中国文明在其总根系中存在一个直根系，而这个直根系就在晋南。那么，我们就要较为详细地探讨梳理一下，存在于晋南的被称为华夏文明的直根系为什么是直根。

首先，我们要讨论一下华夏文明与中华文明之间的关系以及这两个概念的异同。华夏文明是人类发展历史上最古老的文明形态之一，是由华夏族人在华夏之地创造的文明。所谓的"四大古文明"就包括华夏文明。在距今大约6000年的时期，两河流域，即底格里斯河与幼发拉底河之间的地区，基本上就是今天伊拉克一带，出现了文明形态。按照一般的研究认为，这是人类最早出现的文明，它也被称为"美索不达米亚文明"。稍后在非洲东北部沿尼罗河一带出现了古埃及文明。距今大约4500年的时候，在印度河流域也出现了文明形态，人们认为这是古印度文明。与此相应，在更东的东方，沿黄河、长江两条大河的流域，也出现了文明。一般认为这一时期在距今大约5000年。这一文明被称为"华夏文明"。不过，这只是一种一般的说法。由于学者依据的历史资料，特别是考古发现不同，所说也不尽一致、各有出入，比如有很多人就认为古埃及文明是最早出现的文明形态等等。这里不对这些问题进行讨论。我们需要知道的是，这四大文明形态是人类创造的最古老的文明形态，对人类的发展进步产生了极为重要的影响，它们有一些共同的特点，如主要是沿大河形成、均在北半球温带亚热带地区、多以农耕为主等等。还有一个很重要的现象就是除华夏文明外，其他三大古文明都陆续中断了。

其次，中华文明指的又是什么，与华夏文明的关系如何呢？很多情况下，人们常混同二者，认为华夏文明与中华文明是一回事，只是叫法不同而已。从某种意义来看，这种观点也基本上是可以的。但从严格的学术意义上来说，二者是有区别的。中华文明是以华夏文明为主体的文明形态。或者也可以说中华文明是中华大地上由中华民族创造的以华夏文明为主体，包含了华夏文明等诸多文明形式的文明形态。从历史发展的进程来看，在华夏文明形成之后，由于其文明程度较高，所在地生产力发展较快，对其他地区形成了强大的吸引力，周边的人民逐渐认同华夏文化及其生产生活方式，被华夏族群同化，成为华夏的组成部分。当这种状态发展到一定程度的时候，华夏文明就演进为中华文明，它们具有本质上的延续性。这一点与其他几个古文明极为不同。因为那些古文明发生了断裂，并没有形成对周边地区产生同化的能力，所以我们只能称之为"古文明"。就是说，它只是一种"过去式"的文明，并没有延续至今天。而华夏文明则不同，它不仅没有中断，还对周边地区产生了强大的吸引力、同化力，并在自身基础上实现了华丽的演变，成为中华文明。所以，当我们说华夏文明的时候，主要是指原生的古文明，而当我们说中华文明的时候，就是指包括华夏古文明在内的、一直延续至今的文明形态，而这种文明形态在人类发展史上是唯一的、独此一家的。

再次，它们与山西有什么关系呢？这主要是文化地理关系。华夏文明是华夏族群在华夏地区创造的，而作为地域的华夏在哪里呢？实际上山西就是最早的华夏之地。我们所说的"华"，是指华族。如果从历史文化的角度来看，是指华胥氏族群。这一族群大约从今天的西北地区不断迁徙，终于在山西的汾河流域中南部驻留发展。当然也有人认为华胥氏族群的原生地就是山西，在今天的阳城县析城山一带。他们从这里迁徙发展，至西北之天水等地，又继续迁移，其中也有一部分返回了包括晋南在内的中原地区。从考古学的层面来看，人们在山西等地发现了大量的绘有抽象花卉图案的彩陶，认为制作这种彩陶的人崇拜花，是以花为图腾的族群。"花""华"通用，他们就是最早的"华人"。在今天山西西南部、陕西中东部一带都有以"华"为名的地方，如山西有华水、华谷等，而陕西有华山、华阴、华县等。有学者如王克林先生认为，还曾有一个被称为"华国"的古国。总之，早期的"华人"应该是生活在黄河沿岸山西西南部以及与陕西、河南交界的三角地区。而夏人则属夏后氏族群，他们有可能也是从西北地区迁徙至今晋南地区，并在这一带驻留生活，大禹就是其标志性人物。但是，也有人认为所谓的"华人""夏人"本来就是同一族群的人，只是称呼不同。在中国古文字中"华""夏"同义，所谓华则夏也、夏则华也。

"华"与"夏"也有另一重含义，它不是指代族群的名称，而是表示文明的程度。"华"是指文明程度高的人群，"夏"是指文明程度高的地区，所谓"冕服采装曰华，大国曰夏"。孔颖达疏《春秋左传正义》中就认为"中国有礼仪之大，故称夏；有服章之美，谓之华"。"华"与"夏"，具有尊贵、崇高、广大、神圣的含义。由这样的相对来说文明程度较为发达、文化与生产力水平较高的族群创造的文明，不仅其原生的品质非同一般，其发展力、创造力与审美水平也不同凡俗。我们在这里需要知道的就是，山西，主要是晋之西南部，与其周边地区是中华文明的原生形态华夏文明的主要发祥地，山西与华夏文明、中华文明的关系非常深厚。这也可以从各种典籍记载与考古发现中得到证明。下面我们就逐一探讨这些问题。

第一章

山西与文明形成的自然地理条件

第一节　文明生成的自然地理条件

要谈山西与中华文明的关系，需要先了解一下文明是怎样形成的，应该具备什么条件。我们知道任何事物的出现都不是凭空的，一定要有相应的条件。文明是一种社会文化现象，不会从天而降，必然是在能够满足其滋生的自然条件中才能出现。那么，这种自然条件是什么呢？大致有这样几个方面。

一是要有适宜于农作物生长的土地。农业的出现是文明形成的重要条件，没有农业，就不可能生成文明。有土地才能承载万物，但是土地的形态是多样的，土壤的质地也各不相同。人类的起源、发展至成熟，是在能够满足生命需求的地区进行的，当某一地区不能满足这种需求时，便会发生迁徙，以寻找新的生存地。只有那些能够生长植物，特别是后来进化出来的农作物的地方才有这样的功能。

二是要有适宜人使用的水源，也就是人类能够方便地获取可使用的水资源。人类在形成的萌芽阶段与早期阶段，还没有掌握打井的技术，只能依靠大自然提供的水资源，所以那些古文明都是在大河流域形成的。当陶器出现的时候，发生了技术革命，人类有了盛水的器皿。而打井技术的出现，才使人可以在远离河流的地方生存。

三是要有适宜的气候。这种适宜首先是强调人的生存，然后是植物，特别是农作物的生长。太冷太热都不太可能，或者不利于从动物向人的进化，或者寿命过于短暂，难以形成文明。只有那些温带、亚热带地区寒暑相宜，能够满足植物的生长要求以及生物的进化要求，特别是人类劳动生活需求的地方才是适宜的。人类的寿命决定了对文化传承的效能，寿命越长，就越有助于文化的延续；寿命越短，就越难以使文化得到延续发展，文明也就难以形成。

那些古文明形成的地区基本上都具备以上几个条件。但是人类的形成、出现并不仅仅局限在这几个地区，而是满天星斗、遍地开花。所谓人类仅仅是在非洲形成的说法是缺乏学理说服力的。即使是上帝创造了人类，也难以说清为什么上帝只在非洲的某个地方让人类出现。而根据考古发现，人类出现的源头并不是单一的，而是多源的，但很可能某个地方的人迁徙至某地，对后来人类的成长产生了重要影响。仅仅从中国地域的考古发现来看，人类的出现也是呈多点散发的状态，如在云南就发现了距今大约170万年前的元谋人；在湖北的长阳、郧县等地发现了距今100万年至十多万年的人类化石；在北京周口店一带发现了距今约50万年的北京猿人化石等等。从头骨等生理特征分析，他们基本属于亚洲蒙古人种。这些人的出现并不仅在某一个特定的地区，而是散落在各地。也就是说，人类是多源生成的，在一定的历史时期（主要指农业出现之后的历史时期），如果某一地区具备了相应的自然条件，就有可能进化出人。只有人的活动才能不断积累相应的文化，使人自身获得进步。

以上讨论了文明形成的一些自然条件，但是我们也发现，并不是有这些条件就一定能够形成文明，这之间还存在着很大的距离，需要人类漫长艰苦的努力。实际上很多有早期人类活动遗存的地方并没有发现相应的人类发展的后续文化，也就是说，这些地区没有形成文明。当然这也有考古研究的问题。没有考古发现就难以确证其存在，也无法为我们的研究提供证据。从大致的情况来看，许多人类早期的活动地区都发生了变化，如地理地貌、气候、生态等等方面，这些变化影响了人类的活动，可能会导致人类的迁徙、灭绝，使初生的文化消失，也可能是自身延续能力不足而消亡等等，这样也就不存在文化的延续。

从几大古文明的情况来看，即使在形成之后得到了较快的发展，创造了辉煌的成就也难以保证其不会断裂，如两河文明。虽然底格里斯河与幼发拉底河的存在为文明的形成创造了绝好的自然条件，但由于其地缺少自然屏障的维护，极易受到其他文明的冲击，当经受不住冲击，就会发生断裂。事实上在两河地区，就曾不断地出现某一族群取代另一族群的现象。虽然从地域的角度看，两河地区仍然存在，但从人种的角度来看则发生了改变，从文化的角度来看就是文明的中断，一种文明取代了另一种文明，出现了新的文明。古印度文明也有差不多的自然条件，但雅利安人的入侵取代了印度河、恒河流域的原生文明。

古埃及文明则表现出相异的情况。这一文明形成于尼罗河流域，人们主要生活在尼罗河沿岸地区，两边是高地与沙漠，属于不易生存的地带，当然也难以满足文明生成的需求。其北面是地中海，需要人类掌握航海技术之后才能方便地出入。这种地貌在相当长的时期内对古埃及形成了保护。只有在东部地中海与红海之间有一块狭长地带可以连通阿拉伯半岛，这也是早期古埃及与外界联系的唯一通道。这种两面是山、一面临海的地理形势，对古埃及防止外来入侵者产生了十分重要的保护作用，使这一文明在幼年初成时能够获得比较安全稳定的环境。但它不能方便地接受外来文化活力，促使原生文化新变，也在某种程度上限制了文明的发展壮大，一旦遭遇更强势的文化入侵，古埃及文明便断裂了。

这些现象说明，一种文明即使具备了生成的自然条件，在一定的时期内得到了发展进步，也还不能保证其具有发展壮大的延续性，还需要有能够呵护其成长的自然条件，同时，这种条件也不能是封闭的，应该是开放的，只有这样才能不断汲取其他异质文化的活力来丰富壮大自己，得到新变进步的力量。如果这个结论能够成立，我们再回头讨论一下华夏文明，就会发现其具有非常明显的独特性，而这种独特性与山西的关系很大。

第二节　自然地理条件封闭性与开放性的统一

　　与其他古文明生成的地理环境不同，华夏文明以及中华文明滋生的地理环境有明显的独特性。从其主体的地域来看，有这样几个特点：一是地域广阔，并且表现出地貌的丰富性；二是土地肥沃，且形态多样；三是物产丰富，可供人类使用的资源非常充沛；四是气候多样且宜人，适宜于农作物的生长。据考古研究，中国的南部是稻作植物的原生地，而北部，特别是太行山一带，是粟作植物的原生地，很适宜于农业的发展，使人类早期的生存有了可靠的保障。除此之外，还有一些非常重要的特点是其他地域不具备的。我们来看一下现在中国的地理形势，就会对文明形成所需要的地理条件有一个大致的认知。

　　一个是它的地理条件提供了呵护文明生成发展的天然屏障。其东面是大海，现在来看是渤海、黄海、东海等，简单说就是太平洋西岸。亚洲东部隔太平洋与美洲相望。再往北，也就是我们所说的东北一带，有小兴安岭、长白山。其南面也同样是海，有南海，是太平洋与印度洋连接的区域。而西部由北而南则是喀喇昆仑山脉、喜马拉雅山脉。这些山脉的东部是广大的沙漠地带，以及青藏高原——世界上最高的地区，被称为"世界屋脊"，此外还有冈底斯山、唐古拉山等。在北部，有天山山脉、阿尔泰山山脉、阴山、大兴安岭。这些山脉再北是广阔的草原。我们可以看到，中国的四边是西北有山、东南有海，其他的文化形态，特别是较为强势的文化，如果要进入还是不太容易的。这种地理条件具有突出的封闭性，对文明的生成自然有呵护作用。

另一个是在相对封闭的条件下仍然保持了与外部联通的开放性。在大小兴安岭相交的东北部，阿尔泰山与阴山，以及阴山与大兴安岭、燕山之间都有通往内地的通道。在西部，崇山峻岭之间仍然有很多山口通道可以连通西域及更广大的地区。在南部，有与今越南等连接的通往中南半岛的陆路。东南部有很多出海口可从海上通往各地。这就是说，在拥有维护屏障的同时，仍然有连通四方的通道。

但是我们也要注意到，这种所谓的封闭性和开放性都不是绝对的，它们都是需要相应条件的，如相应的技术条件、交通条件、生态条件等。基本上来说，这种封闭性阻止了外来文化的强力冲击，有利于文明的生成与壮大，起到了对文明的呵护作用。而开放性则能够使其他的文化因素进入，使原生文明不断地接纳吸收由其他地区传入的文化元素，成为文明新变的动力，并在接受、容纳、同化其他文化的同时，使自己发展壮大。不过，我们在这里要特别说明一下，中国的版图在历史上是不断变化的，很多时候不是现在的样子。但主要是这样一种形态，其地理品格并不会因为某一时期版图的变化而改变。

那么中华文明，或者说华夏文明具体是在什么地方形成的？这里的自然地理条件又是怎样的呢？简单地说，主要是在山西的西南部，今天我们称之为晋南的地区。当然，如果我们说是在山西、陕西、河南交界的三角地带，可能会更妥当一些。这一三角地带以黄河为中心，相互之间的联系十分紧密、复杂。从文化的角度来看，基本上也可以说是同一个地区。

现在我们来看一下山西的地理环境。尽管历史上晋地也在不断的变动之中，它所统辖的地域或大或小，但基本上是以今天的地貌为主体的。其东部是太行山脉，把黄土高原与华北平原分割开来，使得从平原地带进入山西并不是轻而易举的事。其南面是王屋山、中条山，把华北平原西南部与黄土高原分割开来。其西部是黄河与吕梁山脉。特别是黄河在这一带万年流淌，把黄土高原冲刷成一道分割晋陕的大峡谷。其北面是阴山山脉，与燕山山脉相邻，横亘于蒙古高原与山西高原，是草原地带与中原地区的天然屏障。总体来看，山西之周边，四面环山，一水环护，外部文化要进入这一带是比较困难的。所以《左传》说晋地"表里山河"是非常经典准确的描述。由此看来，山西具有十分突出的封闭性。这种封闭状态有效地呵护了文明的滋生、成长。特别是当文明还处于弱小的成长时期，这种呵护的意义尤为重大。

不过我们并不能简单地认为山西是一处只存在封闭性而没有开放性的地域。实际上，山西的开放性也是非常明显的。沿太行山一线，有很多陉口，可以穿越山脉的阻挡，这就是我们常说的"太行八陉"：从北往南分别是军都陉、蒲阴陉、飞狐陉、井陉、滏口陉、白陉、太行陉、轵关陉。这些山脉断裂的地带形成了连接平原与高原的通道，尽管行走艰难，但仍然是可以通行的。而山西的许多河流也穿过太行山形成了通道，如沁河、丹河、漳河、滹沱河、桑干河等。在黄河沿线，也存在很多渡口，那些地势适宜、水流相对平缓的地方可以较为方便地连通两岸，如平陆的茅津渡，芮城的大禹渡、风陵渡，永济的蒲津渡，兴县的黑峪口渡，临县的碛口渡，河曲的西口渡等等。这些渡口从南到北，连通了黄河两岸。特别需要强调的是西部阴山与燕山之间形成了天然的通道，可以使草原地区的人们穿越以进入山西。这条通道十分重要，是历史上草原地区与中原地区保持联系最重要的纽带，它连通了两处不同生产方式、生活方式、文化形态的地区，是中华民族融合的咽喉要地。

　　通过这样的分析，我们就会发现，尽管从地形上看，山西与中国是不一样的，但从地理品格来看，二者都具有封闭与开放相统一的特征。突出的封闭性呵护了文明的成长，明显的开放性有利于文化的交融。这种封闭性与开放性既是对立的，又是统一的。之所以对立，即这种地理环境是封闭的，对此一地区与其他地区之间的交流形成了阻碍。但是，它又是开放的，仍然可以实现不同地区之间的交流。之所以统一，即它们并不是绝对的封闭，也不是绝对的开放，而是在一定条件下的封闭或开放，正所谓"表里山河"，这使原生文明不易受到外来文化的强烈冲击，能够有一个相对平和的环境来生长发展，亦可使外来文化以相对和缓的方式进入，为原生文明带来新的活力，出现文化的新变，正所谓封而不闭、开而不放，封中有开、闭中有放。相对于两河文明、古印度文明以及古埃及文明，仅仅从地理条件来看，中华文明的生成就有其他文明所不具备的优势，如果进一步分析，就会发现那些相近的地理条件也仍然是有很大区别的。

第三节 太行山与二级阶梯地貌对文明形成的意义

前面分析了山西自然地理条件封闭性与开放性的统一，下面讨论一下，除了这种统一性的品格外，山西的自然地理条件还有哪些是适宜于文明生成的。

对此，我们要了解一下山西在中国版图中的位置。我们知道，中国的版图大致来看呈现出由东向西逐渐升高的三级阶梯形态。沿东部海岸线的广大地区是平原，主要是东北平原、华北平原与长江中下游平原。大致来看，这是三级阶梯中最平缓、海拔最低的地带，大部分地区的海拔只有50米左右，沿海岸线的很多地方还不到10米。在这些广阔的平原地带，也分布着许多山脉，如武夷山脉、南岭等。再往西，华北平原与黄土高原相接，其分界线是太行山脉。

由太行山脉一直往西，至甘青地区的东部，是肥沃的黄土高原，这是世界上分布最集中，且面积最大的黄土区域，其海拔1000米至2000米，南部以秦岭为界，北部以阴山为界，与横亘东西的蒙古高原相连。太行山把华北平原与黄土高原分隔开来，成为一道天然屏障。山西就处于我国三级阶梯地貌的第二阶梯东缘。

黄土高原往西，从现在的青海中西部起至西藏一带，地势进一步升高，这就是青藏高原。这是我国地域面积最大的高原，也是世界海拔最高的高原，人们称之为"世界屋脊"、地球"第三极"。世界最高峰珠穆朗玛峰就在其西缘地带的喜马拉雅山，它的平均海拔在4000米以上。而青藏高原的东南部是云贵高原，海拔一般在400米至3500米。

山西的地貌及地理位置与其东西两翼相比有明显的优势。与东部的平原地带相比，由于海拔较高，特别是太行山成为一道天然屏障，阻挡了海水上升期的侵袭。我们的海岸线并不是从来如此，它一直在发生着或快或慢的变化。即使是今天，由于黄河携带的泥沙冲击，海岸线每年仍然会向大海延伸两米左右。而在历史上，由于气候变化等诸多原因，海岸线也在不断地变化，一些变化对自然环境的改变非常大。许多学者认为，在距今四五千年的时候，气候变暖，气温升高，对海岸线的形态产生了影响。也有人认为，在全新世大暖期（始于距今10000年至7500年，止于距今5000年至2000年），黄河中下游地区比现在的气温要高出二至三度，这些变化导致了大陆地区冰川融化，海平面升高，那些地势比较低的地带逐渐被海水淹没，曾经的陆地成为海底，这一变化对大陆存在的生命影响非常大。原来生存条件很好的平原已经不能居住，人们需要迁徙至海拔更高的地区以求得生存。

根据考古研究，很多在长江中下游平原出现的文化现象，包括一些已经具有文明特征的文化消失了，而在一些海拔比较高的地区，又有了这些低地的文化元素。这就说明，那些原来处于海拔比较低的地区的文化发生了转移，它们从曾经停留的地带向更适宜于生存的地带迁徙。比如良渚文化已经发展出非常先进的形态，形成了文明，但在良渚文化的故地却找不到其后延续的文化遗存，反而可以从山东泰安一带的大汶口遗存中找到属于良渚文化的元素，并且在山西陶寺遗址中找到属于良渚文化、大汶口文化的特征。这就说明，良渚文化以及大汶口文化发生了向北部海拔更高地区转移的现象。原来在今浙江杭州一带生活的人们带着他们的文化、技术寻找可以生活的家园，直至翻过太行山进入山西汾河流域。同样，人们在华北平原地带也发现了许多属于海洋文化的遗存，证明这一带曾经是大海。

这一现象也可以从上古神话中找到印证。我们都知道精卫填海的神话，说炎帝的女儿女娃在东海游玩时溺入海中，化成精卫鸟，精卫鸟住在发鸠山上，衔西山上的石头、树枝来填东海。分析这一神话，就会发现与上面所说的情况是一致的。发鸠山在哪里呢？就在今天山西长治市的长子县西大约25公里一带的太行山上。这说明，所谓的东海离太行山并不远，或者也可以说，东海的西缘就是太行山，太行山挡住了东海。漳河发源于长治一带，其中浊漳河的源头之一就是发鸠山。漳河并不是黄河水系，而是海河水系，由海河进入大海。但无论如何，我们可以看出，这里所说的东海在太行山之东，应该就是冰川融化之后海平面上升形成的。这一点也可以从其他的神话中得到印证。如愚公移山中说愚公把太行山、王屋山的山石用箕畚运到了"渤海之尾"。这时的渤海，其海岸线应该在太行山沿线。由于太行山的存在，渤海不可能再往西延伸，所以就成了"渤海之尾"。

东西方神话与传说中都有关于大洪水的故事。西方神话中谈到人类制造了挪亚方舟，以拯救自己，而中国神话中说的是大禹治水。尽管神话中不同地区的人们对待洪水的办法、态度不一样，但共同的一点是人类遭遇了大洪水。这种共同性说明，这场洪水不是小范围的，而是全球性的，以至于不同地区的人们在自己的创世神话中都有记载。不过我们在这里强调的是，由于太行山的存在阻挡了洪水的肆虐，保护了大山以西的人们，使他们能够有相对适宜的自然条件来维护自己的劳动创造，没有出现文明因自然环境的改变而中断的现象。

这并不是说洪水对太行山西部没有影响，而是说，其侵害的程度大大降低了，降低至人们通过努力还能承受的地步，不至于要通过迁徙来寻找新的栖息地，但这里的人们仍然需要与洪水抗争。我们从上古神话传说中就能够看到这一点。大禹的父亲鲧采用湮堵的办法来治水，但九年不成。大禹则用疏导的办法来改变水的形态，使太行山、吕梁山之间的洪水流向了黄河，再流向大海，由此使洪水退却，空出了土地，供人们耕种生活。这是山西自然地理环境在文明生成过程中的一大优势。

第四节　黄土地的恩赐

我们知道从太行山往西就进入了黄土高原，而黄土对中华文明的形成具有至关重要的意义。黄土有很多特殊的品性，非常有利于植物的生长，也正因此有力地推动了农业的发展。

黄土的第一个特点是土质比较疏松，非常易于开垦。不同于那些沙质含量或红土含量比较高的土壤，黄土只需要简单的工具就可以翻松。特别是当人类还没有掌握冶炼技术，不会使用金属工具，开垦土地主要使用石器或者木器的时候，土质疏松就是一个极为重要的优势。易于开垦的土地使早期的人类能够比较方便地进行耕种，种植农业才能发展起来。

黄土的另一个特点是自肥能力比较强，就是说依靠自身的能力就可以获取植物生长的肥料。这是因为它含有丰富的利于植物生长的成分。据科学家的研究，其中的二氧化硅就占50%左右，其次为三氧化二氯，占8%~15%，此外还有氧化钙、氧化钾、氧化镁、氧化钠等元素。黄土中含有的这些元素对植物生长助益很大。还有是黄土能够比较容易地把地面落叶草茎等植物消解，它们存落在黄土上面，接受风吹日晒、雨淋雪融，能够最高程度地腐化，生成利于植物生长的化学物质，使之转化为滋养植物生长的肥料。许多植物的根茎生长在黄土层中，在生长期过后也容易分解出养分。黄土地这种自肥能力对植物的生长十分有益。

黄土地带的降水量不等，总的来说是从东往西递减。东南部地区的降水量最高可达600毫米至800毫米，中部地区亦在400毫米至500毫米。而西北部的干旱地区只有300毫米左右。由此可知，黄土地带的植物能够接受水分的可能性也是不同的。但黄土也有非常独特的储水功能。黄土颗粒有较大的孔隙，能够把水分储存起来，特别是冬季，渗透到地下的雪水会存储在这些颗粒之中，在来年春季少雨缺水的季节，黄土通过自身储存的水分来供养地面植物的生长。而那些缺乏储水功能的土地，水往往在地表流失，渗不到地底。就山西高原而言，由于地处华北平原的北缘，距大海不远，海洋的暖湿气流对这一带的气候有明显影响。这不同于西北地区，由于距大海较远，且被高山阻挡，海洋暖湿气流的影响不大，干旱程度相对来说就比较严重，沙漠化程度也比较高，植物的生长相对来说就比较艰难。

就植物的生长来看，需要适宜的气候条件。如果过于寒冷，无霜期比较短，农作物的生长周期不能完成，就没有收获。山西地处北部，大约在北纬30度至40度。总体来看，越往北，无霜期越短，越适宜种植莜麦、荞麦等耐寒且适应无霜期短的小杂粮。中南部相对来说无霜期比较长，农作物中粟黍、小麦是最主要的。就气候来说，山西总的特点是四季分明，这正是植物生长最适宜的条件。春季，大地回暖，黄土地由于其自身拥有的储水功能，能够满足耕种的需要。夏季，农作物正是需要吸收大量水分的时候，这期间也是山西一带的降水期，降水量大大增加，适应植物对水分的需求。秋季，农作物开始成熟，一般降水减少。冬季虽然不能耕种，但土地可以得到休养。季节的差异也体现在气温上。这种气温的差异不仅是年差异大，也表现在日差异方面，就是说每一天的气温并不是保持在同一个状态，其早晚都是不一样的。这种明显的气温差异使植物的果实有了比较高的品质。

山西的黄土地貌具有典型性，不仅地质运动如吕梁运动对中国地质构造的影响重大，而且就黄土而言，其代表性也非常突出，如离石黄土就是黄土高原地层的主体。黄土地带的地貌也是多样的，大致来看，有山地、丘陵、台塬、平原等，不同的地貌可以满足人们不同的需求。其中的平原地带适宜于人的生活，而大量的山地、丘陵不仅能够提供更丰富的自然物产，也在灾害如洪水、战争等出现的时候，使平原地带的人们能够迁移至相对安全的地方，继续其劳动生产。而已经形成的文化或文明一般不会因为长距离的迁移中断。

在黄土高原活跃着许多大大小小的河流。黄河自不多说，是中华民族的母亲河。在山西境内还有包括汾河、沁河、涑水河、三川河、昕水河、桑干河、滹沱河及漳河、丹河等在内的众多河流。汾河流域是最适宜人类生存的地区，它与陕西的渭河流域形成了某种相继性与共同性，它们虽然被黄河隔开，但具有地质意义上的相同性与文化意义上的一致性，这一地带被称为"汾渭平原"，是黄土高原上自然条件最优越的地带。汾渭平原与南面的洛水流域一起形成了我们民族初始文明的原生地，是文化意义上最具代表性与重要性的地区——中原核心地带。

正是黄土的诸多特点为人类的成长发展提供了具有突出优越性的自然条件。这些条件在今天来看，被认为是天然的、当然的，但与其他地区相比，就会发现它是非常独特的，是那些文明形成的自然条件所不具备的，或者不全部具备的，它为人类的生存发展提供了丰富的物产，特别是促进了农业生产的发展，使人能够从大自然中相对容易地获取可供自己成长的资源。

第五节　农业的出现与丰富的物产

相对于其他地区来说，黄土地带的土质更利于农业的发展。这并不是说只有黄土才能发展农业，事实上，从考古发现来看，两河地区、古埃及地区等都发展出了发达的农业。我们在这里强调的是，黄土自身的独特性对农业发展具有极为重要的意义。

一度，人们认为世界上最主要的农作物原生于中东一带。但是，随着研究的不断深入，特别是考古研究的深入，人们对世界农业的发展进程有了比较清晰的认知：小麦原生于两河流域，棉花原生于古印度地区，玉米原生于美洲，而水稻与小米则原生于中国。

大致来看，水稻原生于长江流域。人们在距今大约8000年的湖南彭头山遗址中发现了稻壳、谷粒等，其中的八十垱遗址中发现了稻田遗存，出土了1.5万粒稻谷米粒实物。河姆渡遗址中发现了距今7000年前的丰富的稻作遗存，有些堆积厚达20至50厘米，甚至超过1米。这些出土的稻谷已经炭化，但经过鉴定可以知道，这些水稻是籼亚种中晚稻型水稻。同时，在河姆渡文化中也发现了大量的农具，如骨耜、木耜、木铲、骨镰等。在湖南道县玉蟾岩遗址也发现了大量的稻谷遗存。实际上这样的发现还很多，证明长江流域是稻作植物的原生地。

人们在太行山两侧发现了大量粟作植物的遗存。在今河北武安的磁山遗址中发现了十余个窖穴，其底部堆积的厚厚的粟作遗存达2米以上。此外，还发现了胡桃，也就是今天的核桃以及榛子等树籽的堆积层。这说明至少在距今7000多年前，太行山东部地区已经有了非常发达的种植农业。在河南新郑裴李岗一带还发现了粟作植物的遗存，如沙窝李遗址中就发现了分布在大约一平方米范围内的粟作植物的炭化颗粒。在许昌丁庄遗址的半地穴住房中还发现了炭化粟粒，此外还有少量的炭化稷作植物。在裴李岗一带还发现了大量的石斧、石铲、石刀、石镰与石磨盘、石磨棒等农业生产用具，说明在距今8000年左右的时候，这一地区已经出现了发达的种植农业。

在太行山西部山西沁水的下川遗址发现了种植农业使用的石制农具与粟作植物颗粒。这一遗址的年代距今2.3万年至1.6万年。这些遗存中具有代表性的器具有细石器琢背小刀、箭镞、三棱尖状器以及用于农业生产的磨盘等。特别是其中还发现了三处火塘、多粒禾类植物种子等。在最近的考古发掘中，下川一带也发现了粟作谷粒。这些都表明在那一时期，这里的农业生产已经得到了相应的发展。据说，在山西夏县的西阴村也发现了粟作植物。这些考古发现证明在距今至少两万年的时期，黄河流域太行山一带已经出现了比较发达的农业。随着时间的推进，农业由采摘演化至种植，得到了更大的发展，而粟作植物，即我们所说的谷子是其代表。这一切都证明了粟作农业原生于黄河流域太行山区域，应该说这是中华文明对人类文明的伟大贡献。这些原生于太行山一带的粟作植物——谷子，被人们带到了中亚一带，然后又传入欧洲。在中亚河中地区撒马尔罕古城的考古发掘中，发现了亚历山大时期的谷仓，尽管已被焚毁，仍然存有众多装在粮袋中的小米。在河中地区另一个极为重要的城市片治肯特也发现了大型的谷仓。人们认为，亚历山大之所以能够在短短数年内从希腊半岛打到亚非欧三地，一个极为重要的原因就是有了这些小米，它们有丰富的营养，而且存放十余年都不会腐坏。

人类在最初形成的时候多以渔猎与采摘为生，他们食用的植物果实是通过采摘得到的，采摘成为最重要的生产方式。特别是能够识别那些供人食用的植物果实，对人类的生存产生了重要影响。而这些植物中的一部分果实能够被人加工，以更适宜食用，还有一部分能够被人种植后生长。逐渐地，随着人类生产力水平的不断提高，采摘转化为种植，真正的农业出现了，人类的进化发生了空前的进步。这样来看，种植农业的出现是人类生产力技术的一场重大革命。这一点也可以从上古神话与传说中得到印证。

我们熟知的炎帝神农氏，其主要活动区域应该在山西太行山脉一带。当然也有很多人认为炎帝在陕西宝鸡、湖北随州等地活动。这些不同的观点影响广泛。不过，从史籍、传说、考古诸多方面研究得知，炎帝不可能在农业没有得到重要发展的地区存在，但炎帝部族却可能从其始生地向各处迁徙。山西太行山南部，也就是今天的长治、晋城一带，是粟作植物的原生地，一定活动着对农业发展做出重要贡献的族群。炎帝在这一带亲尝百草、教民稼穑，使种植农业得到了发展，他把自己的一生都用来解决人民生存发展的重大问题——如何才能种植好那些能够生产粮食的植物。

但是，对人类的进化而言，只有农业生产仍然是不够的，人类还有其他方面的需求，如居住储藏的需求，需要建筑材料；穿衣保暖的需求，需要皮毛布匹等。除了这些与生活有关的需求外，还有很多与劳动生产有关的需求，如制造生产工具的需求、交通运输的需求、驯化饲养动物的需求等等。表里山河的山西，正是物产十分丰富的地区，这里植物种类众多，动物种类各异，不仅可以提供粮食、肉食、水果，还有极为多样的可作为建筑材料的树木、花草及作为劳动力的被驯化的动物。其地底矿藏也非常丰富，除了我们通常所说的煤炭之外，还有大量的铜铁资源等。也正因此，山西的青铜器发展十分突出，铁器的发展也具有代表性。黄土对陶器的出现也具有十分关键的意义。山西西南部的盐池对人类的成长来说至关重要，也正因为其存在，为人类自身的发展与文化的进步提供了极为关键的基础条件，人们只要勤劳肯干，就能够满足日常生活的要求，并不断推进技术进步。在这样一个地域有限而资源丰富的区域内，人们完全可以依靠自己的劳动满足生活的需求。这种自立的不依赖外部供给的自给自足的生存状态，在人类早期是非常重要的，它有效地促进了文明的形成。

一般认为，文明的出现与农业的关系极大，只有农业得到较快的发展，能够供养一地区人类的生存，并出现结余之后，一种社会形态才能够出现超越直接的生产活动之外的其他社会活动，如祭祀、艺术、技术、交易、管理等。这时，人们不仅需要生产以供温饱，还需要有人对社会的意识形态、组织活动等进行管理，就会出现不直接从事生产活动的阶层，由一些具有专业技术的人来负责生产之外的事务。而在这种社会形态到来之后，文明就出现了。

第二章

华夏文明形成的演进

第一节　人类的曙光

我们在讨论了文明滋生的自然地理条件之后，还需要明确一个非常重要的问题，这就是不论自然地理条件多么优越，没有人，文明仍然不会出现，因为文明是人创造的。那么，人，或者说人类又是怎样出现的呢？

关于这个问题，有很多说法，比如有人就认为今天活动在地球上的人是外星人降临之后形成的，也就是说，是宇宙中其他星球的智慧生物来到地球上，逐渐演化成了今天的人类。但是，这最多只能说是一种猜想，还没有得到科学的证明。也有人认为是外太空的天体撞击地球之后把生命带到地球上，逐渐演化出了人类。还有人认为，在今天的人类文明之前，已经有一个或多个非常发达的文明，这些文明衰落之后，又生成了新的文明。比如著名科幻作家刘慈欣就创作过一部很有意思的小说，《白垩纪往事》。这部小说写的就是在地球地质年代的白垩纪时期，由恐龙与蚂蚁共同创造了白垩纪文明，这个文明即使从今天的角度来看，也是非常先进的。但是，由于它们，特别是恐龙的贪婪引发了"龙蚁大战"，恐龙消亡了，蚂蚁也变成了低智能动物，曾经辉煌的白垩纪文明也从此不再存在了。应该说这只是一种艺术想象，并不能说刘慈欣真的认为现在的文明之前还有一个发达的文明，而且就目前的有关研究来看，也还没有找到有力的证据。

另一种比较流行的观点就是，人是神创造的。万能的神创造了世界，当然也创造了人类，这种思想在基督教等宗教教义中有非常突出的表现。但是现代科学研究已经证明了现实世界中并没有上帝，人类也不是上帝创造的。不过，这种神灵造人的思想在人类的早期广泛流传。如西方神话中是亚当与夏娃偷吃了伊甸园的苹果后产生了人的欲望，从神转变为人，结为夫妻，生育了人类。在中国上古神话中也有女娲抟土造人的说法。这些神话故事尽管具体内容不同，但共同的特点就是神灵造人，人是神创造的。当然，随着科学的发展，我们已经知道，这是人类的先祖在缺乏科学认知的情况下，对自己从哪里来的一种合理想象，并不是真实的历史。但是，应该说，这些神话也能够使我们了解到上古时期先民的某种生活状态，包括精神世界的状态。

那么，人类到底是怎么出现的呢？从科学研究的角度来看，答案很简单，人类是大自然进化形成的。地球上原来并没有人类，但是地球上存在着生命，或者说存在着有机物的演变。最早的生命可能是一些我们肉眼都看不到的存在，它们的演化使地球上出现了各种各样的生命现象，包括动物与植物。在动物一类的生命中又逐渐演化出今天我们称之为"现代人"的生命，它们与同属于灵长类动物的类人猿，以及类人猿亚目的猩猩、长臂猿、猴等动物有着最近的亲缘关系。或者也可以说，在自然进化的过程中，由于所处的地理环境不同，自然条件各异，它们中的一部分向人的方向进化，一部分仍然停留在动物的层面，而前者终于进化为人，成为地球上最具智慧的高级动物。

从考古学的层面来看，20世纪50年代是一个人类生物学得到重大突破的时代，主要是一批考古学家与生物学家在东非如埃塞俄比亚、肯尼亚、坦桑尼亚等地发现了被称为"南方古猿"的人骨化石。这些化石被分为若干子类，存在于距今440多万年至170多万年。这些正在往现代人方向进化的古猿已经显现出若干人的特点，如可以直立行走、能够使用工具、可以在地面生活等。他们已经失去了许多猿的特征，没有了尖锐的牙齿与爪子。南方古猿被认为是从猿向人转变的第一阶段，但也是人科动物中一个已经灭绝的类型。不过也有科学家认为，其中的一支仍然向着人类进化的方向发展，经过能人、直立人进化为智人、现代人。建立在这样的研究基础上，一些研究者认为人类应该起源于非洲。

不过，随着研究的不断深入，人们又有了新的发现，这就是曙猿。曙猿的意思是根基类型的猿，也就是最早最古老的猿，或者也被理解为类人猿亚目黎明时的曙光。在1985年的时候，中国科学院的古人类学家林一璞在江苏溧阳发现了一些化石，与同事齐陶等展开研究，引起了国外相关科学家的重视，并进行共同研究。他们认为，在江苏溧阳上黄发现的这些化石均生活在距今约4500万年的时期，是包括人类在内的一切高级灵长类动物的共同祖先，并将其命名为"中华曙猿"。在此之前，世界上最早的高等灵长类动物化石发现于北非的法尤姆地区，距今约3500万年。而中华曙猿的发现，说明人类的起源应该是曙猿，这也把类人猿的出现向前推了1000万年。

在1995年的时候，山西垣曲小浪底水库正在建设中。人们在垣曲的寨里发现了曙猿化石，将其命名为"世纪曙猿"。参与发掘的是中国科学院古人类研究所的王景文、童永生、黄学诗与美国的玛丽·岛森、克里斯托弗·毕而德。这一由中美科学家联合进行的抢救性发掘意义重大。实际上在20世纪初的时候，瑞典科学家安特生就在垣曲寨里附近的土桥沟发现了中国第一块被称为"始新世哺乳动物化石"的遗存。他们在《地质专报》上刊发《中国北部之新生界》一文，对垣曲始新世的地层作了详细描绘，使垣曲成为世界古人类学家瞩目的地区。在长达百年的时间里，中外科学家对垣曲以及相近的渑池一带进行了多次考察，发现了大量曙猿及相关化石。1997年，中国科学院童永生、黄学诗与美国北伊利诺伊大学丹尼诺·基博再次到垣曲进行考察，发现这些化石既有若干高级灵长类动物的特征，又有部分原始低级灵长类动物的特征，显示曙猿是连接低级灵长类与高级灵长类两个家族的过渡性成员，他们活动在距今4500万年左右的时期。如果要进化成人的话，曙猿是一个具有分水岭意义的阶段。从其进化的方向来看，已经出现了人类的曙光。

近年，人们对河南渑池任村的"任村猴"做了进一步的研究认定，确认在这一带发现了曙猿。20世纪初瑞典科学家安特生考察渑池遗址时已经在这里发现了哺乳动物化石。之后不断有中外科学家在这一代发现曙猿化石及相关的化石，据统计有近80种，仅我们说的任村就有近50种，它们的活动时间在距今5780万年至3660万年。渑池与垣曲地理相近、地形相似，被称为"垣曲—渑池盆地"，习惯上人们更多地称之为"垣曲盆地"。实际上所谓的垣曲盆地并不仅仅限于垣曲地界，这说明在垣曲—渑池一带曾经存在着集中的曙猿活动。或者也可以说，今天的垣曲—渑池盆地是5000万年至4500万年前曙猿活动的中心地带。目前，在中国境内已有江苏、山西、河南、云南、内蒙古等地发现了曙猿化石。这些发现证明，在中国，特别是垣曲—渑池一带是曙猿活动的重要地区，人类的起源应该在亚洲。至少可以说，亚洲，特别是中国，是人类的重要发源地。当然，这与山西也存在着十分重要的关系。

1999年，一个由法国科学家为主的研究团队在缅甸发现了邦塘巴黑尼亚猿，其年代亦在距今4000万年以上。中华曙猿、世纪曙猿与缅甸曙猿化石的发现均比北非法尤姆地区发现的灵长类动物化石要早至少1000万年以上。这些发现说明，高级灵长类动物源于亚洲，它们在自身的发展中逐渐向人的方向进化。而中国无疑是曙猿活动的中心区域，垣曲—渑池一带则是其极为重要的活动地带，也可以说，这一带是人类形成演化的重要根据地。

第二节　人类的出现

前面我们讨论了宇宙自然进化中逐渐出现了高等灵长类动物，特别是曙猿的出现，使人们发现了动物向人演化进程中的过渡性环节，并由此发现了人这种高等动物出现的生物轨迹。那么，人类的出现是固定在某一个地方呢，还是在不同的地方均有同样的生物进化现象呢？显然，地球自然形态丰富多样，适应人类形成的环境并不是只在某一个地方，而是存在于很多地方。我们可以借用著名考古学家苏秉琦先生在讨论华夏文明形成时说过的一个词，这就是"满天星斗"。他认为中华文明并不是限定在某一地区出现的，而是在很多地方都有相应的文明现象，最终形成了华夏文明。那么，我们也可以这样来讨论分析，认为人类的出现也是星罗棋布在世界各地，经过漫长的进化演变，在某一时期终于生成了人类。

前面我们提到的北非法尤姆地区在今天的埃及，人们在这里发现了即将进化为人的原上猿与埃及猿。距考古学家研究，这种原上猿距今3000万年左右，埃及猿距今2800万年左右，它们后来进化成为埃及古猿，然后可能又进一步进化为古埃及的直立人。考古学家首先在法国，后来又在亚洲、非洲、欧洲等地发现了一种距今2300万年至1000万年的古猿，称其为"森林古猿"，其体质特征介于猿类与人类之间，其演化趋向或为现代猿类，也可能是现代人类。因此，人们认为这种古猿应该是类人猿与人类的共同祖先。

人们在埃及还发现了一些旧石器时代的遗存，在距今100万年至60万年的时间内。尽管并没有发现人骨化石，但这些石器还是能够证明，那一时期，在那一地带生活着早期的埃及人类。引起人们关注的是在德国尼安德特河谷发现的人骨化石，被人们称为"尼安德特人"。后来，人们又发现了许多可以被归为尼安德特人的其他化石，他们生活在距今20万年至3万年，并且主要是距今10万年的时间内。这一发现引起了广泛的讨论：一种意见认为，由于气候的变化，主要是气温下降导致了尼安德特人的灭绝；另一种意见则认为，尽管作为人的一类，尼安德特人消亡了，但他们曾在某个时期与亚洲大陆，主要是中亚一带的人接触并通婚，使这些人也具有了尼安德特人的基因。科学家曾经对在山西发现的许家窑人进行研究，希望能够了解到尼安德特人是否与中国北部的人有关系。经过对比解析，他们认为这些人的特征显然是非尼安德特的。但无论如何，尼安德特人是人类进化过程中十分重要的现象，在很大程度上可以反映出人类进化的某种特征。

人们在巴基斯坦北部与印度交界的西瓦立克山地还发现了距今1400万年至800万年的腊玛古猿。这种古猿也大量地生活在非洲、亚洲与欧洲的热带、亚热带地区，如土耳其、匈牙利、希腊、肯尼亚等地。特别要提到的是在中国也发现了这种古猿，主要在云南的开远、禄丰、元谋等地，它们的生理特征更接近于人类，被认为是人类的祖先。在中国，这样的古猿也被称为"禄丰古猿""开远古猿"。这也能够证明，中国的西南部也是人类起源的重要地区。从腊玛古猿向人进化，逐渐出现了现代意义上的人。

事实上，在云南元谋，人们还发现了距今170万年左右的人类化石，被科学家称为"元谋人"。在这一遗址中，除发现了大量石器与动物遗迹外，还发现了两枚人类牙齿化石。这种牙齿化石是典型的铲形齿，为亚洲人种所有，明显区别于印欧人种的门形齿。考古学家认为这是直立人的牙齿。另一重要发现是炭灰屑，分布并不均匀，其中还有被烧黑的动物化石，应该是烧骨，这说明元谋人已经能够使用火。考古学家还在陕西蓝田发现了多处人骨化石，均为直立人，一处在公王岭，距今约110万年；一处在陈家窝，距今约80万年。在这些遗址中也发现了用火的遗迹。同时，在蓝田遗址中也发现了大量的石器，其中就有三棱大尖状器。这种旧石器时代的石器具有文化上的标志性意义，在很多遗址中多有发现，说明这些地方的人具有文化上的一致性。

人们讨论比较多的是"北京人"。20世纪初期，瑞典地质学家安特生等在北京周口店发现了一批动物化石。之后，人们先后对这里进行了发掘，中国考古学家裴文中先生首先发现了一具完整的头盖骨化石，考古学家们先后共发现了5个比较完整的头盖骨化石与其他的人体部位骨骼化石。这里成为世界上出土人类遗骨与遗迹最丰富的地区。在这里还发现了堆积很厚的灰屑层，说明北京人已经在大量地长时间地使用火，其出现的时间在距今70多万年的时期。随着考古学的进展，越来越多的古人类化石被发现。在湖北的长阳、郧县均发现了与北京人相近时期内的古人类头盖骨化石。在安徽和县、江苏南京的汤山也发现了距今30万年的古人类头骨化石。在四川资阳也发现了距今约10万年的古人类头盖骨化石。尽管这里列举的还不是全部，但我们已经可以看出，中国的东南西北各地均有古人类化石出现，且在生理与文化上均有相近的特点。这说明，亚洲，或者至少中国存在着大量的人类形成进化的遗存，能够证明其起源具有独立性。人类的起源是满天星斗式的，而不是单一线性式的。

那么，从考古学的角度来看，在人类形成的进程中，山西有什么贡献呢？除了前面我们说过的世纪曙猿证明在黄河中下游一带曾经存在着动物向人进化的遗存外，山西还有很多十分重要的发现。首先需要提到的是芮城西侯度文化。由著名的考古学家贾兰坡先生主持，在西侯度发现了大量的动物化石。这些动物化石中，有一些呈现被火烧过的痕迹，以及带有削切的痕迹，说明这一时期的西侯度人已经掌握了用火的技术，他们能够使用工具来制作供自己食用的烧烤之后的动物部位。这是比元谋人用火还要早的人类用火遗存，也是目前发现的中国最早使用火的考古实证，是世界上发现的人类用火的最早证据。

此外还发现了大量的石器工具，这些石器具有典型性，最具代表性的是刮削器、砍斫器，以及具有文化标志意义的三棱大尖状器。其出现的时间，曾经被认为距今180万年左右。但是，根据最近的研究，认为西侯度文化应该在距今243万年左右。在距西侯度不远的匼河，发现了大量的动物化石与石器，石器中存在着与西侯度文化一致的砍斫器、刮削器以及三棱大尖状器，动物化石中发现了烧骨，说明匼河人同样掌握了用火的技术，其年代距今六七十万年。西侯度与匼河遗址的发掘，意义重大，它们与陕西蓝田遗址等共同说明，在旧石器早期，黄河中游已经有大量的人类活动存在，这里是中国北方古人类活动的中心，也很可能是垣曲—渑池盆地的曙猿进化之后出现的人类活动中心。

特别需要提到的是丁村文化。考古学家在山西临汾襄汾县的丁村发现了大量动物化石以及石器工具，特别是还发现了头骨化石与牙齿化石。其中的牙齿化石为铲形齿，为亚洲人种所有。这些化石所代表的人类被称为"丁村人"，其考古发现的文化现象被称为"丁村文化"，年代为距今20万年至10万年。丁村文化具有与西侯度、匼河等文化的一致性。特别是三棱大尖状器在旧石器中最具典型意义，被称为"丁村尖状器"。这些发现填补了我国旧石器时代中期人类化石与文化的空白，证明在那一时期，我们的先祖在这一带创造了有别于非洲、欧洲等地的旧石器文化，并在这山水的养育下不断发展壮大。

第三节　石器时代的山西

在我们讨论了人类进化的进程之后，发现山西在其中具有非常重要的地位，显现了中国具有人类形成的独立性。特别是在垣曲一带发现的世纪曙猿、西侯度与匼河发现的人类用火遗存以及丁村发现的古人类化石等，均具有文化上的连续性、一致性。以大三棱尖状器为代表的旧石器在这些遗址中均有存在，铲形齿的存在也证明了这些地区具有人种意义上的独立性与一致性，且这种文化上的一致性表现得非常典型。

那么，什么是旧石器时代？是不是还有新石器时代呢？我们知道，石器是人类进化过程中最早使用的劳动工具，也是当时人类能够制造的最先进的工具。由于人类掌握的技术手段不同，石器的制造方法也不同。在早期，人类只会采用击打的方法来制造石器。随着技术的进步，人类逐渐在击打的基础上学会磨制技术，使这些石器工具的功能更加凸显、更好使用。当人们还只会用击打的方法制造石器工具时，就被认为是处于旧石器时代，一旦能够用磨制的方法制造石器，就进入了新石器时代。尽管不同地域的人们掌握的制造方法并不一致，存在或先或后的问题，但一般而言，在距今300万年至1万多年的时期内，人类主要使用打制石器，处于旧石器时代；在距今1万余年至距今5000余年到2000余年的时期内，人类普遍使用磨制石器，处于新石器时代。由于各地技术发展不同，使用石器的情况也不同，我们还不能绝对地以时间来划分新旧两个石器时代，但大致来说可以分为这样两个时期。

在旧石器时代，人类制造工具的能力还比较简单，石器是最主要的工具。这一时期，人类已经能够使用火，这是一次人类发展史上极为重要的技术革命，标志着人类由生食阶段进入了熟食阶段，对人的体能、智能的发展有非常重要的意义。此外，这一时期的人类仍然依靠采摘技术获取植物果实，依靠捕猎来获取动物充饥，开始使用弓箭等新的工具。这一时期出现了简单的艺术形式，人类对审美有了原始的意识。进入新石器时代，制造技术快速进步，磨制的方法使石制工具更为理想化、精细化；农业得到了较快的发展，开始由采摘向种植转化；磨制食物的技术也得到了普及，制陶技术得到发展，一些地区甚至出现了青铜器；审美更为普遍，出现了某种具有信仰意义的色彩与图案以及比较复杂的装饰。

与丁村文化存在的时间大致相当，在山西北部大同阳高县的许家窑发现了距今约10万年的旧石器时代遗存，其中发现了许多动物残骸以及十多个人类个体的化石遗存。经研究发现，这些人类化石具有形成演化的独立性。此外，许家窑还发现了大量的石器工具，其最大的特点是细小石器的出现，直接影响了之后发现的峙峪文化。峙峪遗址大约距今2.8万年，位于朔州桑干河流域，最早由贾兰坡先生等主持发掘。在这里，人们发现了人类枕骨化石、石墨装饰品。尤为引人注目的是发现了大量的动物化石，其中，马、驴类食草动物占绝大多数。这在旧石器时代的考古发现中极为少见。峙峪的石器遗存中最突出的是箭镞的存在，说明这一带的狩猎技术得到了新的发展。由此，峙峪人也被称为"猎马人"。峙峪的细小石器承许家窑文化而来，是中国细小石器晚期的代表，其中的尖状器以小型化为主。贾兰坡先生认为，中国北方、东北亚、日本列岛、北美细石器的起源问题将有望在山西北部的桑干河流域得到解决。也就是说，峙峪的细小石器可能存在着向东扩展的现象，直接影响了中国北部更东更远的区域，具有某种国际性意义。

与峙峪文化在时间上比较接近的是晋城沁水县的下川遗址，分布于中条山主峰周边的阳城、沁水、垣曲等地，距今2.3万年至1.6万年。我们在前面已经提到过，下川遗址中发现了石磨等加工农作物的工具，表明这一带的农业发展十分突出，是中国粟作植物原生地的重要实证。在近来的考古发掘中，下川也发现了粟作植物的种子，使这一证据更为可靠。同时，下川遗址发现的石器也非常重要，特别是细小石器，加工细致，工艺复杂。这里发现的三棱尖状器出现了小型化的模式，其中的箭镞采用压制法制出锐尖与周边。琢背小刀是其石器中的典型器物。铧状器是下川地区出现的新的磨制技术制作的最具代表性的石器，与新石器时代东北亚的款式一致，也可以说对其有重要的影响，为探索研究与之技术传统相同，广泛分布于中国、蒙古、俄罗斯、西伯利亚、日本、北美阿拉斯加等地的细石器文化之起源与发展提供了新的实证。

人们在临汾吉县柿子滩遗址也发现了许多重要的文化遗存，其存在时间为距今2万年至1万年。柿子滩发现的两幅用赤铁矿赭红色绘制的岩画，应该是我国发现的年代最早的岩画之一，描绘了人们耕作与舞蹈的形态。也有人认为是伏羲与女娲图，但这一观点与伏羲、女娲出现的时间不相合。此外，还有很多动物化石与烧骨、灰烬等遗存。柿子滩遗址中还发现了大量的石器工具，其中也存在细石器工具，其尖状器等与山西地区的旧石器有文化上的相似性，表明它们之间存在不同程度的影响。最典型的是在这里发现了一系列石磨盘，通过对其表面提取物的研究，发现大多为黍类植物以及根块类、豆科类植物。说明在这一时期，柿子滩一带的农业生产得到了较大发展，人们的饮食方式出现了新的变化，需要经过较为精细的加工才可以食用。

通过对这些考古遗存的分析，我们发现，人类的形成，在中国，特别是山西的晋南地区具有独立性。同时，旧石器时代中国石器文化具有自己独特的传统，形成了具有自身特殊性的文化形态，其最具代表性的是大三棱尖状器与细小石器。可以看出，经过漫长的努力，这里逐渐发展出了新的文化，并对其他地区，包括远东地区、北美地区等产生了影响。在采集、狩猎的过程中，人类逐渐学会了使用火，对动物的捕获量越来越大，新技术制作的弓箭成为常用工具。农业由自然形态的采摘向集中采摘转化，并向种植演进。审美功能也逐渐丰富起来。人类将迎来一个新石器与陶器并用的新时代，一个创造了异彩纷呈、斑斓多姿的新文化的时代。

第四节　璀璨而迷人的西阴之花

进入新石器时代，人类的生产力水平得到了较大提高：一是石器的制作工艺更为精致，磨制技术普遍成熟；二是出现了陶器，其重要性日渐显现；三是人们开始建筑日常生活使用的住房，并由地下向地面转化，说明定居生活形态已经提升至新的水平，在一些遗址中已经出现了聚落，在一些发达地区出现了城市；四是农业生产得到了快速发展，粟、黍、稻已经被人类培育成功，种植农业逐渐成为常态，但是渔猎生产仍然存在，一些动物已经被人类驯化。

山西发现的可以归入新石器时代的最早遗址之一是临汾翼城的枣园遗址，距今约7000年。这里发现了用来收割的石刀，砍伐与耕种使用的石斧、石铲，以及石磨盘、石磨棒与陶锉等工具。可以看出，这一时期的农业生产得到了较大发展，应该以种植为主。此外，还发现了灰坑，说明这时人们的定居生活方式发生了变化，是以住房为主的形态。枣园遗址中还发现了大量陶器，除了褐陶、灰陶、黑陶之外，主要是发现了红陶器具，这表明枣园文化与仰韶文化中的庙底沟文化有着重要的联系，被认为是庙底沟文化的渊源。

山西新石器时代的遗址非常丰富，特别是体现出仰韶文化特征的发现极为重要。晋南地区运城盆地发现的仰韶文化早期遗址就有数十处，其中芮城的东庄村遗址具有代表性。以临汾盆地为中心的地区也有大量的仰韶文化遗存。在晋中地区也发现了大量相近的遗存。这一时期最具代表性的新石器遗址之一是夏县西阴遗址，距今约6000年。1926年，著名的考古学家李济先生与地质学家袁复礼先生等在夏县西阴村进行了具有划时代意义的考察。这种划时代意义，主要体现在这样几个方面。首先，这次考察是中国考古学家首次自主主持的科学发掘。张光直先生称这是"国人从事考古发掘工作的第一次"，标志着中国现代考古学的肇始。其次，从发现的文化遗存来看，品质非常高。这里发现了大量的石器、骨器、兽骨、木炭、琉璃、贝壳等，还发现了房址、灰坑、壕沟等居民生活的遗存。最重要的是发现了大量的陶器及其残片，以及半个切割过的蚕茧。再次，西阴遗址一系列重要发现证明了黄河中下游地带，特别是晋南一带是人工养蚕最早的起源地，并动摇了彩陶文化起源于西方的说法。从考古文化的类型来看，西阴文化已经进入成熟的新石器时代，是典型的庙底沟文化。

从以上的发现来看，在西阴时期，生产力得到了快速发展，石器与其他工具的制作技术已经相当高超，主要有石磨、石磨棒，以及用于农业生产的石刀、石铲与石斧等。其中石铲的数量最多，说明当时的农业生产已经转化为种植农业，可进行砍伐、深耕、收割、研磨等生产活动。

西阴遗址发现了半地穴式圆角形房屋，其中有火塘类遗迹，说明那一时期的人们已经形成了比较稳定的定居生活，并能够建造自己的住房。这也反映出农业生产的进步，人们开始根据年度季节进行生产，而不再是采摘生产。西阴还发现了一条壕沟，显现出向原始城市发展的迹象。

从发现的半个蚕茧来看，这时的西阴人已经掌握了成熟的缫丝技术，应该也有相应的纺织技术出现，这是西阴遗址中最具价值的发现。结合在这里发现的石纺轮与陶片打磨制作的纺轮等器具，证明在那一时期，中国的丝织技术已经非常成熟。这与当地关于嫘祖纺丝的传说相一致。西阴也是嫘祖所在的远古之西陵氏生活的地区。从考古发现与传说来看，二者具有明显的一致性，是中国养蚕制丝工艺发源地的实证。

不过，从文化沿革的层面来看，西阴遗址最重要的发现是大量的陶器，如陶罐、陶钵、陶碗、陶灶等，最具代表性的是双唇小口尖底瓶与绘有玫瑰花图案的彩陶盆，这是仰韶文化彩陶的典型器具，其制作工艺已非常复杂，基本以泥条盘筑为主，逐渐形成慢轮修整的技术。还存在用手捏制等工艺，其纹饰以线纹与彩绘为主。彩陶纹饰有花瓣纹、豆荚纹、网纹、窄带纹等，主要绘制于盆、钵之上。

西阴彩陶所表现出来的文化特点引起了广泛的关注，彩陶上的花具有非常重要的文化意义。人们一般认为这种花是玫瑰花，但也并不一定，如考古学家王克林先生就认为应该是柿子花。这种将花的精髓浓缩抽象之后形成的弧线、钩叶、三角等母体，再配以斜线、直线与圆点等绘制出来的彩陶图案被称为"西阴之花"，产生了极为重要的文化影响。它在晋南、陕东、豫西交汇的地区形成，向渭河及汾河、洛水流域扩散，并进一步向周边地区延伸，北至大漠地带、长城内外，南越秦岭与淮河、长江流域，东及沂蒙山区、渤海沿岸，西过祁连山脉以及甘青地区。尽管这些地区可能已不再以玫瑰花图案为彩陶的主要特征，但仍然体现出突出的西阴之花的品格属性，这种属性分布十分广泛，延续时间漫长，文化内涵丰富，成为中国史前文化的一支主干，也是中原地带能够形成的决定性文化基因，奠定了先秦中国的空间基础。以西阴之花为代表的文化在不断的扩展与融合中，与其他相关的文化发生了紧密的关系，形成了以抽象的玫瑰花为标志的文化形态与族群，成为华夏族群不断发展、不断进步，终于创造出一个伟大文明的初始文化基础。

由于西阴文化的典型性、重要性，很多学者认为应该将庙底沟文化改称为"西阴文化"。山西还有很多极为重要的新石器时代考古发现，如夏县东下冯、芮城西王村、晋中义井与太谷白燕等均为仰韶文化后期的重要遗址。这些遗址也显现出明显的庙底沟文化特征，或者说西阴文化特征。如双唇小口尖底瓶、曲覆盆、敛口钵，以及圆点、弧线、三角与钩叶植物花卉纹为主题的彩陶等。学者认为，庙底沟文化源起于晋南，翼城枣园文化是其滥觞，夏县西阴文化则是其典型代表。正是在枣园文化的基础上，吸收其他的文化元素，形成了蔚为大观、璀璨迷人的庙底沟文化或西阴文化。这一文化现象不断发展，终于迎来了一个更为璀璨辉煌的文化形态——陶寺文化。这也标志着在中华地域内，其原生的古典文明——华夏文明即将横空出世，闪耀在世界的东方。

第三章

陶寺——华夏文明的形成

第一节　尧都平阳之考古实证

我国史籍中多有"尧都平阳、舜都蒲阪、禹都安邑"之说。这些古都均应在今天山西的晋南一带，但是在很长时期内只有记载，没有见到实证。直至陶寺遗址被发现，并进行了长期的发掘研究之后，人们终于可以说，陶寺就应该是尧都平阳的都城。

1958年，考古人员在今临汾市襄汾县陶寺村的南面发现了一处史前遗址，掀开了陶寺考古的篇章。1959年，中国科学院考古研究所组建山西队，以"夏文化探索"为题进行研究。1963年冬，在陶寺一带又发现了几处相关的墓葬。至1978年初，正式开始了陶寺遗址的发掘，至今已有40多年，可以说收获颇丰，廓清了许多重要问题，对探讨中国文明的起源、古代国家的形成等有着极为重要的意义。特别是对陶寺的定义，从原来的史前遗址转化为具有代表性质的陶寺文化。也就是说，首先，它不是一般的遗址，而是反映了一定历史时期的文化现象，具有文化类型的含义。其次，它也不是一般的文化现象，而是文明发展进程中能够体现文明形成的重要实证。再次，基本可以确认陶寺对应着尧舜禹时期的历史，特别是尧都平阳的历史时期，陶寺应该是帝尧之都所在地——平阳。

陶寺遗址位于襄汾县境内塔儿山的西麓。塔儿山古称"崇山"，是一座具有重要文化含义的山。目前的陶寺遗址有包含与陶寺遗址文化内涵相近的古遗址80多处，主要分布在汾河、浍河交汇的翼城、曲沃、侯马、新绛、襄汾与临汾等地，形成了一个面积约280平方千米的陶寺文化遗址群。这里发现的文化遗存主要有以下几个方面：

一是城邑。陶寺遗址的文化现象可分为早期、中期、晚期三个时期。其中有早期小城、中期大城和小城数座不同时期的城址。前面两城基本上呈重合状，中期小城为中期大城的附属城，显现出"一都二城"的格局。中期城址总面积大约为280万平方米。此外，还发现了下层贵族居住区、大型粮食仓储区与粮食窖穴，以及大贵族居住的宫殿区。宫殿遗址是一处较为完整不可再分的大型夯土建筑基址，保留着有规则的柱洞、柱坑以及柱础石。在柱洞周围填塞了加固柱子的石块。城墙由版筑而成，存有刻花白灰墙皮、蓝彩白灰墙皮等，显现其建筑技术在那一时期的领先程度。在最近的发掘中，人们又发现了宫城的阙楼、瓮城遗址，证明陶寺的宫城除城墙外还建有更为宏大的门阙与瓮城。此外还发现了陶寺都城的中轴线。这些应该对之后都城的建筑形制产生了重要影响。这些遗存与其他相关信息显示，陶寺的城邑是一处大型都城。

二是墓葬。在陶寺遗址已经发掘了1000多座墓葬，其中还发现了王级大墓。可以看出，陶寺的墓葬有不同的等级。大型墓葬的墓圹较大，墓主为男性，木棺内撒有朱砂，随葬品多达一二百件，多有尊贵的礼器、乐器等陪葬器具，此类大型墓葬目前共发现9座。在这里发现的中型墓略小，墓主男女均有，随葬品大为减少，多在大型墓附近，有80余座，大约占10%。更多的是小型墓，不仅规模更小，且没有木质葬具，也没有任何随葬品，约占90%。在这些墓葬中，主要是大型墓葬中，发现了大量的各类器物，如石器、陶器、玉器、木漆器、青铜器、骨器与礼乐器等，是当时社会文化得到高度发展的表现。

三是建筑。除前面谈到的宫殿建筑外，在陶寺还发现了很多小型房址，其中有地面建筑、半地穴式建筑与窑洞三种类型。室内地面多涂草拌泥，白灰涂墙，有壁龛、灶台、烟道、灰坑，以及中心柱洞等。在这些建筑周围有道路、水井。水井为圆形，深者达13米，近底部有圆木搭建的护壁木构。从陶寺遗址的分布来看，已经出现了平民区、仓储区、墓葬区、祭祀区与贵族区等不同的功能区域，表明其城市建设已经体现出比较完备的规划。

四是制造场。在陶寺还发现了大型石器制造场等手工业作坊及大量的废弃石坯，说明当时在陶寺一带，陶器、石器制造等手工业得到了较大发展，其生产已经进入专业化、规模化的时代，生产用途也不再是为了自己使用，而是用于交易。在陶寺还发现了烧制陶器的陶窑。人们还在这一区域发现了一个"回"字形夯土建筑，认为是管理手工业生产的机构所在。

五是观象台。在陶寺遗址中期小城中发现了一处建筑基址，呈半圆形，面向东南，由13根夯土柱顺序组成。台址中心部位有观测点，通过柱缝观测对面塔儿山，即崇山日出的方位，可以确定季节、节气，以安排农业生产。经过考古人员与天文学家研究，认为这是一处天文观测点，与典籍中记载一致，如《尚书·尧典》中就记有尧"乃命羲和，钦若昊天，历象日月星辰，敬授民时"。一般认为，此观象台距今约4700年，比英国巨石阵至少早约500年。这里也应该是一处举行大型祭祀活动的场所，具有突出的政治文化含义。

六是各类器具。首先是石器，包括石刀、石斧、石铲、石锛、石钺、石磬、石镞，以及石磨盘、石磨棒等，大多为工具或武器。结合粮食的仓储方式，以及发现的粟、黍、稻谷、小米为主的粮食与大麦种子，可以看出这一时期农业生产已经得到了很大的发展，但狩猎仍然存在。其次是陶器，如陶尊、陶瓶、陶灶、陶斝、陶罐、陶壶、陶盘、陶盆、陶豆、陶铃、陶鼎等，多为彩陶，亦多灰陶或黑陶。再次为青铜器。目前陶寺遗址中发现了五六件青铜器，其中最著名的是铜铃，使用复合范技术铸造，发现时外部有丝绸包裹的纹印。此外还有几件，如C形龙、齿形环等均制作精美。第四类为玉器。陶寺的玉器非常具有代表性，有玉琮、玉璧、玉璜、玉圭、玉钺、玉佩、玉覆面等等。第五类为木漆器，如案、几、盘、匣、斗、豆与仓型器、鼓等。此外还有许多其他器物，如绿松石、陪葬的猪，以及骨器、草编物等。

需要特别提到的是，在陶寺遗址中发现了很多具有文化代表意义的器具，如乐器、礼器、陪葬器等。仅从制作材料来看，这些器具可能是陶器、石器或青铜器，但从其文化含义来看，具有非同一般的价值。在乐器中，我们发现了铜铃、陶铃、陶埙，还有土鼓、特磬、鼍鼓等。特别是在陶寺发现了一些可以认定为文字的符号。最典型的是在一件残损的陶扁壶上朱书着两个字符：一个大家一致认为是"文"字，另一个可能是"尧"字，组合起来应该是"文尧"。在陶寺遗址的一处壁龛中，发现了一件骨匕，上有一造型复杂的字符，有人解读为"禹"字。虽然在这里发现的文字还不多，但我们已经看到汉字在漫长的发展过程中逐渐从初始形态向成熟形态的转化。另一个非常重要的发现是用来测量日影天象的圭表。陶寺发现的彩绘龙盘备受瞩目，上面绘有盘龙图案，龙的口中含有植物叶片。这是中原地区发现的最早的龙形图案，标志着龙崇拜已经成为陶寺一带的重要文化形态。在陶寺没有发现丝绸的实物，但其铜铃上面的丝织物印纹说明那时已经在使用丝绸物品。在陶寺还发现了仓型器，被认为是橧，是一种用来缲丝的工具，亦说明那时有纺织丝绸的生产活动。

尽管陶寺发现了很多颇具价值的文化遗存，但截至目前我们仅仅发掘了其总面积的大约千分之五，还有很多文化秘密隐藏在历史之中。陶寺文化存在的时间，经过碳14测定，为距今4340年正负90年的时间至距今3815年正负70年的时间段内。但是根据树轮校正的年代，则为距今4825年正负185年至距今4170年正负95年的时间内。按照前者来说，大约是距今4300年至距今3900年。按照后者来说，应该是距今4800年或5000年到距今4200年。两种测定方法不同，结果也有一些差异。学者们一般取比较谨慎的态度，多概说为距今4500年至距今3900年，应该能与尧建都平阳的大致时间吻合。

从陶寺发现的文化遗存来看，这一时期的社会生产力已经得到了较大的发展，主要是农业生产出现了大的突破，制陶、制玉、石器加工等手工业形成了较大规模。社会结构也表现出较为复杂的形态，管理手段、科技水平、文化艺术等都出现了少见的繁荣。可以肯定，陶寺是一处集政治、经济、文化、科技中心于一体的大型都城，应该是尧建之都平阳。这一发现不仅印证了尧都平阳的记载，也反映出华夏文明进入了成熟的形态，将展现出更加灿烂多姿的风采。

第二节　最先进的历史舞台

在前面的介绍当中，我们曾借用苏秉琦先生讨论文明形成的判断——"满天星斗"来说明人类文化的演进，认为在漫长的远古时代，中华大地上不论东南西北，都出现了人类初期发展进步的文化形态，它们如群星闪烁，争相绽放。随着时间的演进，这些文化发生了变化，一些转移了，一些消失了，另一些则表现出强劲的活力，不断繁衍壮大，出现了最初的文明形态。特别是在距今5000年左右的时期，社会生产力得到极大发展，种植农业成为非常重要的生产现象，制陶技术、青铜技术、玉器制作技术、打井技术，以及建筑、商业等都得到了长足的发展。在意识形态方面，初始宗教意识与审美方式、天人观念与社会伦理等也出现了比较成熟的形态，人类社会将迎来一个重大的发展新变时期。正如苏秉琦先生所言，大致在距今4500年，最先进的历史舞台转移到了晋南。在中原、北方、河套地区文化以及东方、东南方古文化的交汇撞击之下，晋南兴起陶寺文化，它不仅达到了比红山文化后期社会更高一级段的方国时代，而且确定了在当时

方国的中心地位，奠定了华夏的根基。（苏秉琦：《满天星斗：苏秉琦论远古中国》，中信出版社，2016年，第80页）

我们注意到，尽管就陶寺遗址而言，还有大量的地区没有发掘，但从已经发现的文化遗存来看，可谓蔚为大观，足以证明苏秉琦先生所说的最先进的历史舞台向晋南一带的转移。或者换句话说，在这一时期，各地具有生命力的文化出现了向晋南转移的浪潮，并在这样的条件下形成了陶寺文化。

我们来谈一下红山文化。红山文化是形成于东北西南部地带的新石器时代文化，出现在公元前4000年至公元前3000年，距今五六千年。在这里发现了大量的石器，包括细石器以及陶器、玉器等。此外，还发现了冶铜遗址，其中有坩埚片与1500余个冶炼红铜的坩埚。在建筑方面发现了女神庙、祭祀坛、金字塔、积石冢及墓葬等，其中存有泥塑头像，特别是女神像等。玉器中有龟、鸟或猫头鹰等，最重要的是发现了大量的玉雕龙与凤。玉雕龙成为红山文化最具代表性的文化符号，是中华文化中龙崇拜的源头。石器中有许多生产工具，说明当时的农业生产已经脱离采摘形态，得到了较大的发展。在牛河梁遗址中发现的女神庙、祭坛、积石冢与金字塔建筑代表了已知的中国北方地区史前文化的最高水平。女神上臂塑件空腔内带有肢骨，可能是人骨。这种造像方式非常少见，是我们能够看到的数千年之前的真人容貌。其墓葬亦有明显的等级现象。总体来看，大约在距今5500年的时候，在今东北地区已经出现了比较典型的文明现象。也有专家认为，这是中华文明的曙光，也就是文明初现的时刻。

大汶口文化是黄河下游一带的新石器时代文化，以山东泰安一带为主，遍及鲁西平原、淮北地区，距今6500年至4500年。其文化遗存主要是墓葬、少量建筑，以及陶器、石器、骨器等。此外还发现了刻画符号，应该是文字的雏形。陶器中的三足器与豆、匜、扁壶等最具代表性，轮修技术普遍使用。其建筑主要在地面。石器主要是磨制石器，如石斧、石铲、石刀、石磨盘、石磨棒等。这些地区还出现了大量的家养动物，如猪、狗、牛、鸡等。在一处遗址的窖穴中发现了约一立方米的朽粟，说明当时的农业生产已经比较发达。同时渔猎生产仍然大量存在，出土了扬子鳄以及鱼、龟、鳖、蚌等残骸。其墓葬亦有明显的差别，贫富分化现象已经出现。大汶口文化直接影响了山东地区的龙山文化，是其渊源。

大约距今5000年的时期，在钱塘江流域出现了一种非常重要的文化现象——良渚文化，这是众多远古文化中极为璀璨的一支。在良渚的各类遗址中发现了大量极具典型意义的文化遗存，如在这里发现了一处规模浩大的古城遗址，其核心地区是一座高台，为古城的宫殿所在地，该宫殿区约有30万平方米。在宫殿区外是内城，约3平方千米。在内城之外还有外郭城，其范围面积在8平方千米左右。在古城的外围，人们发现了庞大的水利系统，目前确认有11条水坝，是目前为止世界上发现建筑时间最早、规模最大的水利系统工程。与之相应的是水利运输系统，如码头遗址等。良渚时期的农业非常发达，发现了大量的稻谷遗存，还有许多植物果实，如桃、李、杏与菱角等。这里也发现了丝织物残片与水井。在良渚遗址的陶器、玉器上面发现了大量的刻画符号，其中一些已被人们解读出来，但更多的符号还没有得到解读，基本可以认为这是早期的文字。其干栏式建筑是那一时期良渚人最常用的住房。在良渚也发现了许多石器、陶器，如石厨刀等。但最重要的是其中的玉器。可以说良渚玉器是中国史前玉器发展的一个顶峰。其中的玉琮、玉璧、玉钺、玉璜，以及兽面纹与人兽结合的神徽纹样神器等最具代表性。凡此种种都说明，在大约距今5000年的时候，良渚已经出现了极为典型的文明形态。

除了以上所言之外，在距今四五千年的时候，北方河套大青山地区，主要是今天的鄂尔多斯、乌兰察布等地，也出现了许多重要的文化现象，如早期的斝、瓮类陶器等，这也是后来对陶寺产生重要影响的文化。按照苏秉琦先生及其他学者如韩建业、丁新等人的研究，陶寺文化的最终形成并不是单一文化自生的，而是在多种文化的交流融合中形成的。在大约距今4500年的时候，各地的文化开始了一次大迁徙。其原因现在我们还不能简单地认定，但很可能是自然气候的变化导致不同地区的文化转移，促使它们从原生地向更易于生存的地区迁徙。这其中有来自北方的如红山文化、河套如鄂尔多斯等地的文化，以及东方如大汶口文化、东南方如良渚文化等诸多文化。它们经过漫长的迁徙之后，纷纷进入了太行山之右，与汾河流域中原地区的原生文化，也就是仰韶文化中的庙底沟文化汇合碰撞，形成了陶寺文化。苏秉琦先生有一首表现晋文化的诗是这样描写的："华山玫瑰燕山龙，大青山下斝与瓮。汾河湾旁磐和鼓，夏商周及晋文公。"我们试着对这首诗作一解释，就可以看出陶寺文化形成的基本态势。

先说"华山玫瑰燕山龙"。前面介绍了在晋陕豫交界的黄河三角地带曾经出现了以玫瑰花图案为图腾的人群，也就是我们所说的华族。这是华夏族的核心人群，他们最早活动的地区就是华。这一带因为华族的出现，形成了许多以"华"命名的地名，如华山、华谷、华水等。华山的名称今天仍然在使用，我们都知道，但是其他的以"华"为名的地方在哪里呢？如华谷，《水经》中说"涑水出河东闻喜县东山黍葭谷"，注曰"涑水所出，俗谓之华谷"。也就是说，涑水的源头黍葭谷就是华谷。而刘起釪等先生认为古代汾河下游有一条支流叫华水。这就是说，在远古"华"人活动的地区，就是今天华山等黄河三角洲地带，活动着庙底沟文化中表现出来的以玫瑰花为图腾的人群，他们的文化标志就是彩陶花卉图案，这就是苏秉琦先生所言之"华山玫瑰"。而"燕山龙"所指就是燕山东北红山文化中最具有代表性的龙图腾。他们在迁移中与华文化相遇，并进入汾河流域，使这两种文化形成了新的融合。这一点在陶寺的彩陶龙盘中体现得最为明显，其表现形态是庙底沟文化的彩陶，而所绘内容则是红山文化的龙，两者融为一体。这也证明从陶寺开始，龙崇拜进入中原地区，成为这一地区除了花之外的另一种文化标识。

但是，陶寺文化的内涵远不止这些，它还融合了"大青山下斝与瓮"，就是河套地区（今鄂尔多斯等地）的陶斝、陶瓮等器型转化为陶寺文化的重要成分。此外还有"汾河湾旁磬和鼓"，意指在陶寺发现了特磬与土鼓、鼍鼓等重要的礼乐器。这里的鼍鼓，就是用鳄鱼皮蒙在木胎上的鼓，它并不是陶寺特有的产物，而是来自大汶口的文化标识。此外来自大汶口文化的还有很多陶器，如三足器、扁壶等。在陶寺遗址中还发现了与木俎配套的石厨刀，是来自良渚的影响。而良渚文化中的玉器也极为深刻地影响了陶寺，如玉琮、玉璧、玉覆面等玉礼器。正是在这样的融合、新变中，一种极具生命力与魅力的文化——陶寺文化在山西之晋南地区汾河领域形成，并延续为夏商周与晋文公及往后的历史。所谓夏商周及晋文公，强调的是在这种多元融合中形成的陶寺文化是中原华夏文化发展脉络的基点。正如苏秉琦先生所言，这首诗的落脚点虽然说的是晋文化，但其核心部分却是从中原到北方再折返中原的文化带。这条文化带主要沿燕山、太行山与汾河流域形成，是当时最活跃的民族融合的大熔炉。这里的民族还不是现代意义上的民族，而是不同地域的人形成的具有不同文化特征的族群。如苏秉琦先生指出的，在距今6000年到4000年间中华大地如满天星斗的诸文明火花，这里是升起最早也是最光亮的地带。所以，它也是中国文化总根系中一个最重要的直根系。而在这一直根系中，陶寺又具有非常特殊的地位，发挥着至为关键的作用。

第三节　华夏文明形成的典型实证

上面谈到了大约距今5000年的时期，各地出现了具有重要影响的文明现象，但是，我们还不能说它们是华夏文明。华夏文明有其特定的含义，就是在华夏地区由华夏族人创造的文明。而华夏地区主要在今晋陕豫交界的黄河三角洲地带，所谓"华"人活动的地区。那么，这里还需要讨论一下，华夏文明与中华文明之间的关系。

一般来说，中华文明有两层含义，一层是说，在中华地区由中华民族创造的一切文明与文化现象，这其中当然也包括华夏文明。从这个角度来说，华夏文明就是中华文明的一种形态。其他如良渚文化等也是其中的一种形态。那些虽然还没有进入文明阶段，但具有重要意义的文化现象，也应该属于中华文明的组成部分。如我们前面提到的若干文化遗存，尽管还没有发展到典型的文明的阶段，仍然属于中华文明的组成部分。在这样的语境中，中华文明是一个具有普遍意义的概念。

中华文明的另一层含义具有特定的指向，是指以华夏文明为主体的、吸纳融合了许多其他文明元素之后演变形成的更丰富更成熟的文明形态。以我的观点来看，这个更丰富更成熟的文明形成于周时期的轴心时代，并一直延续发展至今天，越来越表现出它所具有的充沛的生命魅力。所以，当我们讨论中华文明的时候，就要注意是从具有普遍意义的概念层面来说呢，还是从具有特指意义的概念层面来说。尽管很多时候人们是把中华文明与华夏文明当作所指相同的同一个概念来看待的，但我们还是要知道，它们是有区别的。

那么，我们所谈的陶寺时期形成了华夏文明是什么意思呢？从前一层含义，也就是普遍意义的层面来讲，就是在那一时期中华大地上又出现了一种文明形态，这是中华大地上最具生命力、创造力与吸引力的文明形态，它显示出中华文明作为文明形态的形成之标志。从后一层含义，也就是特指意义的层面来看，华夏文明是华夏地区人民创造的文明。这个华夏地区，所指是当时晋陕豫交界地区，也就是后来我们常说的中原地区。所谓的华夏人民，是指进入这一地区的来自各方的人民，他们在华夏之地融合统一，形成了华夏族群，创造了华夏文明，之后又不断发展，成为中华文明的主体文明、核心文明。正因为华夏文明积极地融合了其他的文明与文化元素，强化了生命力、创新力，使自己不断发展壮大，才没有消失、没有中断，一直演化出更具生命力的文明形态——中华文明。

这里还有一个十分重要的问题需要了解，就是怎样才能判定一个地方出现了文明。这也需要从两个方面来讨论：首先，从社会生产力的发展层面来说，如果一个地方的生产相对发达，产品有了剩余，就会出现对剩余产品进行再分配的问题，相应地就出现了如何分配的问题；其次，社会生产比过去表现出更多的复杂性，也存在一个如何组织生产的问题，这样就会有一部分人从直接的生产中分离出来，更多地从事组织管理。也可能因为某种特殊的原因，如这些人体格相对健壮、社会威望比较高、有比一般人更多的智慧或组织能力等，就可能占有更多的社会财富，或者具有更多的对社会财富进行支配的权力，这时，社会出现了分化，阶级就出现了。在社会管理方面，由于财富的集聚，人们需要共同承担保护族群利益的责任，最初的国家形态也就出现了。阶级的出现、国家的形成说明这一地区进入了文明时代。

但是如果从考古学的层面来看，似乎就比较简单，目前通行的标准主要有这样四个方面：一是城市，特别是都城的出现；二是大型祭祀礼仪的形成；三是文字的出现；四是青铜器的使用。在这四个要素中，如果有两个存在，就可以判定某一地区形成了文明。不过，对这种判定方式也存在很大的质疑，认为并不能反映不同地区不同文化的发展实际。如在中国，玉器的出现就十分重要，能够充分地反映社会等级的分化与礼制的形态，但是在其他地区，如欧美就基本上不存在玉文化现象。尽管如此，我们还是可以把这种方法作为参考进行讨论。

我们知道，在红山文化中已经出现了大型的宗教仪式，如神庙与女神像、祭坛与积石坛，以及金字塔建筑等，这不仅说明这一文化中存在大型的祭祀现象，而且其社会形态也比较复杂。特别是不同规格的墓葬也进一步证明，在这一时期出现了明显的社会分化，或者说，阶级出现了。虽然目前在红山文化中还没有发现青铜器，但是发现了大量的冶铜遗存，说明其青铜冶炼技术已经非常成熟，具有规模化的生产形态，这应该是进入文明时代的表现。而在东南部的良渚，出现了规模庞大的都城、体系复杂的水利系统，以及祭祀的祭坛等，这些都说明这里有强大的社会组织体系，需要有相应的人来管理、组织，社会分化的现象十分明显，阶级已经出现。良渚发现的刻画符号应该是比较原始的文字。尽管在良渚没有发现青铜器，但存在极为发达的玉器文化，比红山的玉器更为先进丰富。从这些分析来看，至少红山文化与良渚文化已经进入了文明时代，尤其是良渚的文明程度应该更高更发达。

当这些文化辗转迁徙进入晋南之后，与当地的原生文化发生撞击与融合，形成了陶寺文化。我们看到，在陶寺发现了城市，特别是其中期大城是一座规模宏伟的都城，存在宫殿建筑、城墙及城阙，出现了比较严格的社会分层，不仅有贵族居住区及其墓葬区，还有平民居住区及其墓葬区，以及仓储区、生产区与管理区。手工业得到了明显的发展，发现了制造石器与陶器的手工作坊。礼仪制度亦表现出非常成熟的形态，其王级大墓中有众多的成套礼乐器，那些形制庞大的特磬、土鼓、鼍鼓成组配套，规模非凡。在陶寺扁壶上发现的文字已经非常成熟，且为朱书。在陶寺还发现了基本可以说是目前发现的人类最早且规模最宏伟的观象台，能够测定一年的时间为366天，以及一年中基本的节气，其天文学水平非常高。这一观象台同时也具备祭祀与政治宣示的功能。陶寺也存在着丰富的玉器，其中的玉琮、玉璧、玉璜、玉钺、玉覆面等不仅承续了良渚的工艺与理念，而且成为玉文化向北向西与向东传播的重要中转地。与其他地区的文明形态不同，在陶寺还发现了青铜器，其中的铜铃已经使用了复合铸造技术，一次完成铃身与铃胆的铸造。青铜齿形环与C形青铜龙的铸造亦十分精致，可见这一时期的青铜制造技术已经达到了非常精良的程度。这些均说明陶寺文化发展的程度是当时最为突出、最为先进的，不论是从社会生产力发展的层面来看，还是单纯从考古学的角度来看，这里表现出十分典型的文明形态。我们说，陶寺已经具备了可判定文明形成的全部条件。

通过以上的分析，我们知道，在陶寺时期已经形成了典型的古国，其社会管理体系比较完善，制度设置比较健全，阶级划分比较明确，文化发展相当先进。从考古学的意义来看，这一文化中存在规模宏大的都城、先进的文化科技设施与祭祀仪式，有比较成熟的文字、相对发达的青铜铸造技术，以及玉礼器所代表的礼仪制度。与同时期或者相近的文化相比，陶寺文化的发达程度、完善程度具有突出的先进性。陶寺所在地区为华夏地区，在这里形成的文明就是华夏文明。或者我们也可以这样说，在大约距今4500年的时期，一个伟大的文明——华夏文明在以陶寺为中心的华夏地区诞生了。这一文明现象并不仅仅是区域性的，而且是划时代的，它开启了人类文明的新篇章。

第四节　最早的中国

　　前面的介绍中曾谈到，一种文明的出现，从社会文化的层面来看，应该是阶级的出现与国家的形成，比如通过对陶寺遗址的发掘研究，我们知道在陶寺时期已经形成了形态比较完备的国家，这里有都城，有管理阶层，有社会分工，有文化体系，有发达的科技，特别是天文学与农业、手工业等等。但我们也清楚地感到，诸如陶寺遗址发现的国家，似乎与我们今天一般情况下所说的国家很不相同。这是当然的，我们千万不能把远古时期古国形态的国家与现代国家等同起来，以为在四五千年之前出现国家与今天的国家一样，有完善的国土边界与主权，有庞大的社会管理体系，有明确的权责划分与专政工具等等。远古时期的国家，只是一种体现出国之形态特征的区域或城市，它们更主要的是依靠影响力来维护社会的运行管理，而不是行政权力。在形态上，往往只是一个初级的城市——即使是城市也往往类似于今天的村寨。这里存在今天看来比较简单的管理系统，有初级的社会分工。在这样的城市周边，还生活着大量的民众，他们在经济、文化、安全等方面要依靠其中心城市，也就是都城，也因此被视为属于这一国家的人。这一时期的国家，更具体地说，应该是古国。

同时，不同国家的发展水平并不一致，存在着明显的不平衡。一些古国地处偏远，或者人口稀少，发展不够，还有一些则在经济、文化、科技诸多方面得到了较快的发展，成为某一地区具有重要影响的国家，能够在很大程度上协调调动别的国家参与共同事务，因而被视为是具有统领意义的国家，其代表性人物往往被认为是某一时代或朝代的领主、共主，被后人称为"帝"或者"王"。这就出现了国与国的不同，那些帝、王所在的国家往往经济发达、实力雄厚、文化繁荣、礼制初备，具有重要的影响力，拥有了初级形态的王权，能够协和万邦。它们具有统领的中心意义，被视为中央之国。这样的国家也是帝、王所都的国家，被称为政治文化意义而不是地理幅员意义上的"中国"，所谓"帝王之都为中国"。

那么，当我们讨论远古时期的"中国"时就要明白，这不是现代意义上的中国，也不是历史意义上的中国，而是远古文明初现时期政治文化意义上的中国。虽然都称为"中国"，但含义还是有区别的。

由于不同的时期有不同的帝、王，其所居都城也不可能在同一个地方，这就出现了不同的"中国"。在这样的话语背景中，"中国"是一个变动的概念，而不是一个恒定的概念。比如也有论者认为，二里头时期的古国也是中国，那是因为夏之都城从陶寺一带迁徙到了黄河之南后，又在今天的二里头建立了都城，所以也可以说这里是当时的"中国"。在国家出现之前，尽管后人有"三皇五帝"之说，但并不是所有的皇、帝时期都形成了国家，很多时候他们仍然处于部落或部落联盟的社会形态中。我们在这里讨论的是最早的"中国"，就是要从历史演变与考古实证中寻找到证据来证明哪里是最早的中国。

既然这样的"中国"是政治文化意义上的，就有一个"中"的问题要解决。关于"中"，应该有两方面的含义。一方面是现实的，就是那些能够协和万邦的帝、王所在的都城统领的古国。不可能说一个国家经济落后、文化迟滞，对其他国家没有影响力，却能够为帝、王所都，帝、王所都的国家也应该是所谓的"中央之国"。另一方面是意识中的，或者说非现实的，就是某一国的帝、王虽然具有协和万邦之德，但仍然需要找到一个能够通天达地的地中。这个地中之所以重要，乃是因为当时的人们在意识中认为据有地中才能通达天极，才能证明这样的国家之主是天所认定的，是拥有天之授命的正统地位的。正如《周礼·大司徒》中说，"地中，天地之所合也，四时之所交也，风雨之所会也，阴阳之所合也。然则百物阜安，乃建王国焉"。有地中，或者说建在地中所在之地，这样的国家才是顺应天意的，是得到天之护佑的，其帝、王才是具备了统领人民、协和万邦的德性的。我们从"中"这个字的形成来看，也体现了这样的含义。"中"字中间的一竖，就是圭尺，横贯这一竖的类似于"口"字的长方形就是在圭尺上移动来测量数据的圭表。也就是说，"中"字在其形成之初体现的含义就是用圭表来找到地中，它不是简单的中位之意。

在较早的红山文化、良渚文化等遗存中已经出现了国家的形态，但是这些国家没有形成对周边国家的协和统领之势，至少文明还没有找到这样的实证。当然，它们也不处于地中之地。它们只是活动于文化中心的边远地区，还不能说是，或者说属于"中国"。那么，什么时候、哪里的国家具备了这样的特点呢？答案只有一个，就是在陶寺建立了都城的国家。

陶寺时期大致对应了尧舜禹时代，特别是尧舜时期。尧是历史上的五帝之一，具有了王权性质。同时，尧也是历史上最具创造力与影响力的贤君，具有协和万邦的品德与能力。在陶寺遗址中，发现了一支存留至今的圭表，经过专家的实地考察与反复研究，认为这一圭表就是用来测量日影以确定地中的工具。我们知道尧曾命羲、和二氏往四方测天象，说明当时已经具备了相应的技术水平。专家们根据《周礼》中说到的"凡建邦国，以土圭土其地而制其域"的记载，以及《周髀算经》中的测算方式，确定了陶寺用圭表测量出的地中——陶寺观象台的观测原点，寻找到了由此确定的都城中轴线，证明陶寺古城确实是具有"中"之意义的都城，是"中国"所在之地。

在中国相关的典籍中有大量关于"中国"的记载，在这些描述中，河东地区，也就是所谓的冀是天下之中。不论是舜划定十二州，抑或是禹定九州，冀州均是天下的中心，是帝、王所都之地。《孟子》《史记》等典籍中都有"之中国"说。帝尧决定去世之后禅位于舜，可是舜避让尧的儿子丹朱，不去就位。尽管如此，百姓与各方国诸侯有事都不去找丹朱，而是找舜。舜感慨让他继尧之位是"天也"，就是说这是天之命，不能违背。在舜帝意识到自己的天命之后，"夫而后之中国践天子位焉，是为帝舜"。"之中国"就是到中国。只有到了"中国"这一帝、王之都，才能就天子之位，否则，舜就不能算是继承了尧帝之位的君王。我们知道，这一时期的陶寺就是尧的都城，舜要继尧之帝位，就必须到尧的都城，也就是陶寺。陶寺就是"中国"。

在此之前，还有没有更早的"中国"呢？这取决于以下几个方面：一是要看是否出现了我们讨论的古国，如果没有这样的国，就不可能有中国；二是要看在这样的古国中有没有出现能够协和万邦的帝王，如果有，其所都之城就大致可以视为"中国"，如果没有，尽管有可被视为国的地方，仍然不能说这是"中国"；三是要看在这样的古国中是否找到了地中，如果没有找到，其地位就是值得怀疑的，甚至是不被其他国家承认的，或者说也不可能是"中国"。根据史籍记载，在尧舜禹之前，国家还没有出现，自然也不可能有"中国"。尧是最早被认为既拥有国之都城且据有地中之重，又能够协和万邦的帝王。那么，尧所统领的国家，应该是最早的"中国"。

苏秉琦先生指出，夏以前的尧舜禹时期的活动中心在晋南一带。"中国"一词的出现也正在此时。尧舜禹时代万邦林立，各邦的诉讼、朝贡由四面八方"之中国"，出现了最初的"中国"概念。他并且认为，这个"中国"是一个共识的中国。也就是说，它不是具有完备权力系统的"中国",而是一个更多地依靠文化认同来达成共识的"中国"。这就是最早的中国,是一个以文化认同为纽带,把人们联结统领起来的中国。

第四章

创世神话与传说中的山西

第一节　伏羲与女娲

前面讨论了中华文明的滋生与山西的关系。这里就远古神话及传说中涉及的内容来看一下文明的形成与山西的关系。

在中华民族的创世神话中，伏羲的地位非常重要，被视为是创世神。伏羲风姓，又名"疱羲""疱牺""包牺"等。传说中他的历史贡献很多，如根据天地万物的运行变化创造了八卦，以一拟太极而"一画开天"，天地定位；他结束了人类结绳记事的历史，创制了文字；结绳为网以捕鸟渔猎；开始制定社会管理的初步规范，任命官员来负责相关的事务。在伏羲时代，人类开始了对偶婚，并确定了人的姓氏，以防止近亲结婚与乱婚。他还发明了陶埙、瑟等乐器。还有一种传说认为，正是伏羲采用各种动物的元素创造了龙这一中华民族的图腾。"龙的传人"亦由此而来。

传说伏羲人首蛇身，一般认为他与女娲是兄妹，居住在昆仑山上，他们的母亲就是华胥氏。华胥氏生伏羲、女娲。伏羲、女娲生少典，少典生炎帝、黄帝，其后人为华夏族，是中华民族的主体。可见，这是一脉相承的。由于华胥氏在百姓中有极为重要的影响，她所在的部族也被称为华胥氏。这一部族在漫长的历史中不断发展壮大，在华夏之地往来迁徙，寻找适宜的生存之处，并创造了原始的文化。

那么华胥氏是什么时候的人？她与她的部族生活在哪里？大部分史籍认为华胥氏是距今大约8000年的人，当时已进入新石器时代，处于母系氏族社会，所以人们只知道自己的母亲，而不知道父亲。不过一些史籍也谈到，华胥氏在雷泽旁踩到了雷神的足迹而怀孕，生了伏羲。也就是说，伏羲的父亲并不是某个人，而是神。或者也可以理解为伏羲是人与神结合孕育而生的。但也有人认为雷神也是一个人。无论如何，人们更关注伏羲的母亲华胥氏，对伏羲的父亲是不是雷神、雷神到底是怎么回事，所言不多，或语焉不详。

传说中华胥氏的地望有很多，最重要的是陕西蓝田与甘肃天水之成纪。也有人认为，华胥氏本来居住在蓝田，她率子民不断迁徙到了成纪，在那里生了伏羲，后来又返回了蓝田一带。随着部族的壮大，原有的土地已经不能满足百姓生存的需要，华胥氏又开始了迁徙。一部分往东来到了黄河地带也就是今天晋陕豫黄河三角洲地带，当然也进入了山西。也有人认为，今天的泰山一带泗水之地为其祖地。这些地方都存在一些与华胥氏有关的文化印记，如相关的地名、传说中的生存地、陵庙等，可见这些说法也是有所依据的。更重要的是一些考古发现也似乎能够与距今8000年前的文化相印证。但华胥氏之故地是哪里，历来各有其说、各有其证，难以统一，还需要我们做更深入的研究。不过就我个人的看法而言，这些说法也并不矛盾，它们反映的是远古时代缺乏详尽文字记载的条件下，华胥氏族人往来迁徙的历史。在中国文化中一直存在着地随人走的现象，人们往往在不断的迁徙中把最初的地名带到不同的地方，以故乡之名为名。因此，各地以华为名的地方就很可能是华胥氏部族活动停留的地方，只是其始祖地在哪里很难简单地说清。那么华胥氏也好，伏羲、女娲也好，他们与山西有什么关系呢？这也需要进行一些梳理。

在陕西、河北等地都有女娲山，但最重要的是横亘在华北平原与黄土高原之间的太行山——亦名"女娲山"。这说明在太行山脉曾有远古人类活动，其中也应该有属于华胥氏部族的人们，包括伏羲与女娲时期的人。在临汾吉县县城西北部大约30公里处有人祖山，山上有人祖庙，庙内有娲皇宫、伏羲殿等建筑。传说这里还有伏羲、女娲兄妹测天意合婚留下的滚磨沟、穿针梁、"洞房"以及抟土造人的造化坪等。在洪水淹没土地人民之后，为了使人类能够血脉相传，伏羲、女娲约定成婚。但因本为兄妹，他们决定遵天意而行，如果在高处把磨盘滚下而磨盘相聚，说明天意要他们成婚。于是他们在滚磨沟上把两个磨盘滚下去，结果磨盘滚到了一处。此外还有隔沟穿针、合烟成婚等传说。这里的娲皇宫大门前有一块天然巨石，被称为"卧云石""补天台""娲石"等。距人祖山不远的地方有一处非常重要的考古遗址，即柿子滩遗址，其中发现了大量旧石器时代的石器、动物化石与烧骨、灰烬等，还发现了我国时代最早的石磨盘。此外，这里还发现了两幅岩画，其中的一幅有专家认为就是女娲图。不过，这一观点还需进一步讨论。

在山西存留有大量关于伏羲、女娲的传说。学者张利曾对太行山、太岳山地区的女娲遗迹进行了详细的田野考察，指出在今阳泉、晋中、长治、晋城及临汾一带的太行、太岳山区，存留有女娲遗迹31处，最北端为阳泉市平定县张庄镇东浮化山女娲庙，最南端为晋城市泽州县金村镇东村磨儿山娲皇宫，最东端为长治市平顺县东寺头乡井底村娲皇庙，最西端为临汾市金殿镇娲皇庙。这些遗迹多为宫庙建筑，也有许多以土、石、山、窟等自然遗存为标志的遗迹。根据张利的考察，这些地区也存留有大量的相关传说。（刘毓庆主编《华夏文明之根探源：晋东南神话、历史、传说与民俗综合考察》，学苑出版社，2008年，第344页）传说潞城区天坛山石门崖就生活着一个古老的部族——华胥氏，他们以渔猎为生，部落首领就住在石门崖下的山洞之中，生了四个孩子，大的是男孩，就是伏羲，其余均为女孩，大女儿就是女娲，俗称"女娲奶奶"，二女儿与三女儿分别是二奶奶、三奶奶。据说女娲出生于三月初九与初十交接的子时。这一民间传说直接认为华胥氏就是本地人。如果按此说的话，华胥氏的始祖地应该就是潞城天坛山一带了。

在这一带还有很多关于伏羲、女娲的其他传说，如他们是上天派来治理人间乱象，以及女娲抟土造人、炼石补天等故事。此外还有他们的生活习俗、侍从座驾等传说。综合其主要内容，大致是华胥氏生了伏羲、女娲及其妹妹，或者上天派伏羲与女娲来到人间拯救人类。女娲骑着金狮，或者牵着金牛在各地补天。她补天的地方各说不同，如潞城的传说是在潞城之天坛山、襄垣则是仙堂山、长治则是天台山等等。关于成婚，有伏羲、女娲滚磨成婚，或者滚石成婚之说。造人之说则有为繁衍人类，女娲抟土造人，或者捏沙成人，因为要造的人太多，女娲忙不过来，干脆用簸箕搓人，或用杨柳枝条甩泥造人等等。今天，这些地区仍然存留有各种祭拜活动。

随着研究的深入，近来也有学者认为华胥氏及伏羲、女娲的始祖地是在黄河沿岸中条山脉之阳城县析城山。如华仁葵、李立政、宋泽霞等人所著之《中华文明圣地：昆仑丘》就认为析城山即为神话传说中的昆仑山，此山上有一处繁花遍地的低地，中空为虚，被人称为"华虚"，生活在这里的人们就是华虚氏，后传为华胥氏。如果是这样的话，今山西阳城县之析城山一带就是华胥氏的祖地，华胥氏部族从这里出发迁往各地。从与其相关的各种传说、遗存来看，华胥氏部族大致分布在中原地带，与华夏族群的活动范围基本一致。这似乎也说明，华胥氏以及伏羲、女娲的传说主要流传在华夏族群中，并影响了各地人们对华夏文化的认同。至于其地望究竟在什么地方、迁徙流播的具体情况如何，仍然是一个需要进一步探讨的课题。我们在这里强调的是，伏羲、女娲是中华民族的人文始祖，是我们民族祖先的远古代表，亦与山西一带有着密切的关系。

第二节　炎帝与黄帝

在伏羲、女娲之后，中华民族历史上出现的最为重要的人物是炎帝、黄帝两位先祖，他们均为伏羲后人，在不同的地区繁衍发展。后来炎黄二帝结为联盟，形成统一的族群——华夏族，创造了辉煌的华夏文明，其后人称自己为"炎黄子孙"。

按照《国语·晋语》的记载："昔少典取有蟜氏，生黄帝、炎帝。黄帝以姬水成，炎帝以姜水成。成而异德，故黄帝为姬，炎帝为姜。"这一说法影响比较大，认为炎帝、黄帝都是少典与有蟜氏所生，为血亲兄弟，但炎帝成于姜水，黄帝成于姬水，所以他们"成而异德"。这就是说，由于在不同地区从事不同的生产劳动，形成的风俗习惯、价值观念也不同。我们知道所谓炎帝、黄帝，在很多时候并不是专指某一个人，而是某一氏族及其代表性人物。这样才能解释为什么炎、黄二帝会居帝位那么长时间。同时，他们也可能并不是现代意义上的兄弟关系，更可能是同出于某一部族且有姻亲关系的族人。

炎帝，姜姓，号神农氏，又号魁隗氏、连山氏、厉山氏、列山氏、烈山氏。据说从神农氏开始，姜姓部族有9代炎帝，传位350年。炎帝的故里在什么地方，历来所说不一，现在说得比较多的地方有陕西宝鸡、湖南株洲炎陵、湖北随州、河南柘城以及山西高平等，其中以宝鸡为最。这是因为郦道元曾在《水经注》中说，岐水又东，径姜氏城南为姜水，所以人们认为炎帝之故里在宝鸡。但是这种观点也受到学者的质疑，不仅指出姜氏城根本不在岐水边，而且认为先秦文献中的姜水应在山西太行山一带。他们还进行了大量的田野考察，根据古籍记载、文物实证、民间传说、地理物产、风俗习惯等多个方面进行研究，认为炎帝为神农氏，他生活的地区应该有发达的农业。而山西，特别是太行山地带正是粟作农业的发源地。因此，炎帝的故里应该在山西太行山脉今高平一带。至于其他说法，当是炎帝部族不断迁徙的留居之地。

　　黄帝的时代比炎帝稍晚，但如果他们是兄弟的话，应该不会有太长的时间距离。很可能是炎、黄二帝虽然出于一族，但后来各自带着族人在不同的地区发展。炎帝从事农耕，生产力水平相对先进，首先在中原地区产生了影响，统领这一地区的人民。后来黄帝进入炎帝所统领的地区，取代了炎帝的地位，并使二者融合统一，形成了华夏族。据说黄帝为姬姓，本姓为公孙，因居轩辕丘，号轩辕氏，建都于有熊，亦称"有熊氏"，其故里在什么地方，历来所说不一，如河南新郑、甘肃天水、山东曲阜等，还有人认为是底格里斯河地带，但最有影响的还是陕西岐山一带。一般均认为黄帝为西北地区之部族，他们应该生活在游牧地区。《史记》中曾记其"迁徙往来无常处，以师兵为营卫"。这就是说，黄帝一族并不是定居的农耕族群，他们从事的是游牧生产，常随季节的变化而迁徙，没有固定的地方为其常驻地。他们在不断的迁移中，以兵民合一的形式保护自己的财产，形成管理模式。

随着对红山文化研究的不断深入，有学者认为，黄帝部族很可能生活在东北地区，后来才迁徙至中原一带。前面我们介绍过，大约距今4500年的时候，红山文化曾沿着燕山、太行山山脉南迁进入晋南，似乎可以与这种观点契合。但也有一种可能是炎、黄二帝之族群生活在相互之间有婚姻关系的黄土高原地带，后来炎帝部族专注于农业生产的发展，留居在太行山西部及更西的地区，而黄帝一族则向更西与更北的方向发展，从事游牧生产。由于某种原因，如气候的变化等，迫使黄帝部族南返。当然也可能是黄帝族群从今风陵渡一带渡过黄河进入晋南，这两部分在冀州之中因为争夺生存资源而发生了剧烈的战争，这就是著名的阪泉之战、涿鹿之战。战争的结果不是一方消灭了另一方，而是实现了族群的大融合。

这里首先要清楚冀州在什么地方。中国历史上把冀州视为天下的中心、中土，是九州或十二州之第一州。冀州的范围大致为今山西与河北的大部分地区。但之所以称"冀"，是因为冀地。而冀正在河东地区，是一个古方国，为冀国之名，地处平阳皮氏县，即今河津。其东北方有冀亭，是冀国之都所在地。冀州之所以居各州之首，是因为这里自然条件优越，气候适宜农业生产，且物产丰富。前面已经介绍过河东地区是远古时期的经济、政治、文化中心，历来为帝王建都之地，所以古人在讨论天下时必然首先要说冀州。冀州之中并不是一个简单的空间方位，而是体现了特定的政治文化含义，它应该在古河东地区，不可能在冀州之边缘地带。

其次要清楚阪泉、涿鹿在什么地方。一种比较流行的说法是在今河北涿鹿县或者涿州一带，这里存有大量的相关传说与遗存。但钱穆等学者认为，这两地在河东盐池附近。他指出，"阪泉"也作"版泉"，是流入河东盐池的一条泉水。宋沈括在《梦溪笔谈》中曾谈到河东盐池，言其"在阪泉之下"，与钱穆等所言一致。而涿鹿，旧解县西南二十五里有浊泽，一名涿泽，是古之涿鹿。考古学家王克林据文字学、考古学、地理学、历史学等多方考证，认为阪泉之战在中条山之北麓、涿鹿之战在中条山之南麓，二者皆距盐池不远。大致来说，即炎、黄二帝之战发生在古河东地区的盐池附近。战争的主要目的是为了取得对盐池的控制权，并进而控制整个冀州，也就是当时的政治文化中心之地。神农氏炎帝部族在冀州一带发展了比较先进的农耕文化，使这里变得更适宜于人类的生存。而轩辕氏黄帝部族则在不断的迁徙中向冀州之中推进。两个本来血脉相连、互相婚配，有紧密联系的部族，因为生存的压力首先在阪泉发生了大战。战争的结果是黄帝部族取得了主导权，与炎帝部族融合，形成了炎黄集团。但是，传说中本来属于炎帝部族的蚩尤氏不认同这样的结局，要夺回主导权，在稍后的时间内与已经统一的炎黄集团在涿鹿展开了更大规模的战争。

关于蚩尤，有很多传说，有的认为蚩尤部族是占据东方的部族，还有的认为蚩尤本来就是炎帝之后人。近年来有研究者还认为蚩尤部族是从草原地带迁徙而来的属于突厥先民的游牧部落。但更可能的是属于炎帝部族中实力比较强大的一支。正因为如此，炎帝依靠他来据守盐池这一战略重地。在今运城盐池附近仍有许多与蚩尤相关的遗存，如安邑南就有蚩尤城、盐池东有蚩尤村等，均可证明蚩尤一部与盐池之间有紧密的关系。在炎帝部族失败之后，很可能蚩尤不愿屈服，便据守涿鹿，坚持战斗。

盐池在中条山脚下，中条山是中国铜矿资源丰富的地方，考古研究已经发现这一带有很多铜矿遗址以及铸铜遗存。而传说中的蚩尤部拥有十分先进的冶炼铸铜技术，这也使其军事力量非常强大。他们有铜头铁额、坚甲利兵，而且还能兴云布雾、征风召雨，也就是能够很好地预测并利用天气的变化来帮助自己。但是黄帝也非同一般，他拥有轩辕战车、弓箭、夔牛鼓等更可能是游牧部族使用的在当时来说非常重要的武器。特别是他得到了诸位神灵的帮助，终于取得了最后的胜利。传说蚩尤被杀后，他的血汇聚为盐池、毛发成为树木花草、肢体成为山岳丘陵等等。而所谓的旧解县或解州之"解"，就是蚩尤被杀解体的地方。

涿鹿之战巩固了黄帝的共主地位，他迁徙分封炎帝，包括蚩尤部族的人们，利用他们的知识与技能管理事务、发展生产，并悬挂蚩尤画像以震慑乱民。按照《史记》所言，黄帝自己则"邑于涿鹿之阿"，也就是今天黄河晋陕豫三角地带臂弯中的中条山地区。据传，黄帝轩辕氏还来到汾阴睢上，也就是今万荣汾河与黄河交汇的地方，扫地设坛祭祀后土地母。他还娶了西陵氏之女嫘祖，发展蚕桑纺织，使丝绸生产成为中土最重要的产业。所谓西陵即今夏县西阴，也就是西阴之花形成的地方。炎黄部族由此逐渐向四边扩散，把先进的生产技术、文化观念、社会礼制带到了这些地区，使华夏文化不断拓展。

在神农炎帝时代，农业得到了快速发展。炎帝亲自尝百草、种五谷、制草药、救民病，制作耒耜等农业生产工具，发明了织布技术、制陶技术以及五弦琴等乐器，建立了交易市场等等。至轩辕氏黄帝时期，生产水平进一步提高，养蚕、打井、制车、造船、建宫室、指南针、鼓铙军乐、天文历法等或得到进一步的发展，或被新创。最重要的是这一时期的仓颉造字，"天雨粟、夜鬼哭"，可谓惊天动地，形成了华夏最重要的文明成果。黄帝去世后，被葬于桥山。据钱穆先生研究，桥山应该在今山西旧襄陵县东南20公里，接曲沃县的地方。据说黄帝年300岁，有二十五子，其中有姓十二。炎帝与黄帝，这两位在中华文明发展进程中创立了伟大功勋的先祖，是我们民族共同的祖先。

第三节　尧、舜、禹三帝

史籍中记载的炎黄二帝部族结成联盟后形成了华夏族。按照一些历史学家如徐旭生先生等的研究，在这一时期前后，传说时代的远古中国大致活跃着三大部族集团：在我们所说的中原地带，主要是炎黄为代表的华夏集团；在东部沿海地带，主要是东夷集团；在南方主要是苗蛮集团。炎黄部族发展较快，在兼并了东夷集团之后，又同化了苗蛮集团，使华夏族群成为中华民族的主体，形成了伟大的中华民族。

以黄帝为共主的华夏集团具有强劲的发展力，后来居共主之位者均为黄帝之后。至帝喾，生有四子，分别是挚、契、弃与放勋。挚为长子，继帝喾位为共主。但帝挚不论是德性还是才干都不能服众，9年后让帝位与放勋，也就是尧。现在，有考古发现的实证，我们已经知道，所谓"尧都平阳"，就是今天发现的临汾市襄汾县之陶寺。

据说帝尧身有异象，生有美德。他的眉毛分八彩，举止有法度，智慧超人却谨慎谦和。后人说他其仁如天、其智如神，就之如日、望之如云。而他自己的生活却十分简朴，住着茅草屋，吃着粗茶饭，总是把自己的德性付诸社会治理，使人民安居、万邦协和。尧的贡献首先是使农业生产得到了进一步的发展，这主要得益于这一时期天文学的进步。尧命羲和氏赴东南西北四方观测天象，计算出一年的时间为366天，确定了春分、夏至、秋分、冬至等节气，并使用闰月来调整季节。这也由陶寺遗址发现的大型观象台得到了证明。由于能够比较准确地把握季节的变化，这一带农业生产的发展非常突出。

另外，在社会管理方面，尧广开言路，向民请言。他在宫门立"诽谤之木"，置"敢谏之鼓"，希望百姓能够及时发表意见。他施政由内及外、由近及远，亲睦百姓、以德服人，使当时各诸侯国都能够和谐相处，并以其为共主。同时，他不擅权，让各大臣举荐贤能之臣。虞族之舜因为才德不群，受到尧的重用。在经过多年的考验之后，尧禅位于舜。在尧的治理下，整个社会运行有序，无为而治。人们看不到帝尧做了什么，却一切都按照应有的秩序很好地运转。尧的治理，如同中医之"治未病"的手法，在问题还没有出现之前已经从萌芽上消除了隐患，所以百姓在街头吟唱道："日出而作，日入而息。凿井而饮，耕田而食。帝力与我何有哉！"前面四句说的是百姓生活的自然状态，他们顺应天道，劳作生息，各取所需。而最后一句则是对帝尧的赞美，认为帝尧不用劳神费力就进行了很好的治理，一切都在有序地进行着。这是社会治理的最高境界，也因此被后人传颂。如孔子就感慨说："大哉！尧之为君也。巍巍乎，唯天为大，唯尧则之。"

众臣举荐虞舜后，尧对舜进行了考察，发现他确实是一个德行高尚的人，但不知道他是否具备治理国家的才干与胸怀，于是尧把自己的两个女儿娥皇与女英嫁给了舜，以了解其具体情况。后来又让舜承担政府事务，处理民事，发现百姓都听他的话。之后又安排各种事务让舜去承办，舜都处理得井井有条，各方诸侯也很支持他。尧又让舜经受神灵的考验，让他在高山森林中遭遇雷雨，舜表现得镇定自若。这样尧才让舜代为执政。28年后，帝尧去世，而舜已经得到了长期的历练，堪当大任。但是舜为了避让尧的儿子丹朱，回到老家"南河之南"（因他的故乡在大河，也就是黄河之南段，称"南河"。"南河之南"也就是南河的南段，很可能是在今天的永济一带）不出。但是，百姓与各地诸侯有什么事要商讨、有什么官司要诉讼，都不去找丹朱，却要到舜的老家去，请他来决断。三年之后，舜感到自己继位乃是天意，才"之中国"，去到都城，应该是今天的陶寺，去就天子位。

据说舜是黄帝的八世孙，为有虞氏，姚姓，名重华，生而重瞳，身长八尺，面有异象。舜的故里在什么地方，《史记》中有明确的记载，说"舜，冀州之人也，舜耕历山，渔雷泽，陶河滨，作什器于寿丘，就时于负夏"。所谓冀州，就是以今山西河东为中心的地区。具体而言，舜的祖地在今永济一带，历山附近。历山，在河东地区。雷泽，亦名"濩泽"，在今阳城县析城山一带，《禹贡》曾言在析城西南。河滨，黄河之畔。寿丘，在河东。负夏，在今垣曲县历山镇。这些反映舜活动的主要地点都在今运城一带以历山为中心的地区。不过孟子曾说舜生于诸冯，迁于负夏，卒于鸣条，是"东夷人也"。诸冯在今山西垣曲县，这里有诸冯山。负夏、鸣条皆在河东，也就是今天的运城一带。但不知道孟子为什么说舜是东夷人，也可能历史上视河东之地为东，故有此说。不过，总体来看，舜为今永济一带的人应该是不错的。他执政后，改革政治，用"旋玑玉衡"来观测日月运行，祭祀天地诸神，颁布新的历法，任用适宜人事，提携下层贤能之才，淘汰腐化无能贵族，举"八恺""八元"，逐"四凶"于荒原，命禹治水；命弃，也就是后稷，教民耕种；命契掌管教化；命皋陶司法；命共工掌管百工技艺；命益主管畜牧；命夔作乐。舜善于用人，取人之长，自己则巡行天下。他以孝行而名，30岁时被尧重用政事，50岁时代政，61岁正式成为天子。39年后在巡行南方时逝于"苍梧之野"。他的儿子商均不贤，舜便举荐禹执政，禅让帝位。史载"舜耕历山，历山之人皆让畔；渔雷泽，雷泽上人皆让居；陶河滨，河滨器皆不苦窳"。他到了哪里，那里的人都愿意追随，所以一年成聚、二年成邑、三年成都，他是中华道德人伦的典范。

大禹治水在中国神话中最具影响。禹是夏朝的开创者。神话中说禹的父亲鲧受尧之命治理洪水，采用湮堵之法，但是九年而不成。舜执政后，把鲧发配到羽山，又说是崇山，是当时的极北之地，在今雁门关之北。舜任用他的儿子禹继续治水。夏禹姓姒，名文命，他的父亲鲧为黄帝之后，母亲是有莘氏，名女志。目前学术界认为夏族兴起于崇山，但对崇山在什么地方，存有误解。人们根据三国吴人韦昭的解释认为是嵩山，以为"嵩""崇"通假。但很多学者认为这种解释并不正确。历史上嵩山并不被称为崇山，且"嵩""崇"也不通用。崇山实应是今临汾市襄汾县之俗称塔儿山的山，也就是陶寺遗址对面的山。这一说法与历史记载、考古发掘相应。但是在典籍与传说中，也有认为"禹生石纽"，在蜀地。这应该是大禹治水在不同地区人们的印象中非常深刻的表现。

禹奉命治水，克勤克俭，任劳任怨，13年间三过家门而不入。他常常巡行在治水工地，携带着准绳、规矩以便随时测量。他穿着最简朴的衣服，吃着简单的食物，住着简陋的房子，经常拿着斧头、锄头在工地干活。他的指甲磨秃了，腿毛磨光了，手脚都长了厚茧，脚跛难行。他的精神感天动地，有神灵下凡相助。据说有黄龙为他在前面探清水的流向，玄龟在后面帮他搬运泥土，河精为他献出河图，连伏羲帝也给他送上了玉简以丈量土地，帮助他勘测清楚水的走向，知道哪里该挖、哪里该堵。他在总结前人治水经验与教训的基础上，主要采用了疏导的办法，首先在冀州一带决龙门、通三门、劈伊阙、破碣石，打开灵石口，空出晋阳湖，将洪水导入黄河，之后又疏九河，通济水、洛水至海，导汉水、淮水至江。经过艰苦的努力，终于使洪水平息下来，人民能够休养生息。

在治水的过程中，禹与益每到一处都要了解当地的山川地势、物产资源、风俗民情，并详细记录下来，终于勘清了天下之势，并划定天下为冀、兖、青、徐、扬、荆、豫、梁、雍九州。在此基础之上又兴建贡道，确定贡赋，使天下为一统之势。由此还著有《禹贡》一书。此外，他还根据不同距离，围绕天下之中划定"五服"：以天下共主所在地为中心，500里内为"甸服"；依次500里分别为"侯服""绥服""要服""荒服"，以确定治理方式与规则。后来，舜又命禹平息三苗之乱，使天下太平。

禹的功绩为万民称颂，也受到了舜的肯定，舜决定传位于禹。禹在位期间，仍然躬身克俭、勤政爱民、巡行四方。他曾在涂山大会诸侯，当时执玉帛来朝者有万国之多。考古学家在今安徽蚌埠之禹会村发现了一处大型祭祀台，这里分布着许多排列有序的柱洞，应是各诸侯会盟之标志，发现的烧祭面应是诸侯会盟时燎祭之遗迹。此外，还有祭祀沟、坑等遗存。这一遗址应该是当时禹会诸侯所用之地。禹在东巡时逝于途中，葬于会暨，即今绍兴，据说仅用三寸厚的桐木棺板，所穿衣服只有三领，极为简朴。

从尧、舜、禹三帝的品行业绩来看，他们皆勤政、爱民、节用、克己，有创建、有担当，深受人民尊重爱戴，极为典型地体现了中国文化中圣、贤品格的精髓，成为中华文化中最具人文价值的典范。

第四节　众神的狂欢

神话是远古时期人类对人与自然及其关系的原始想象与理解，它既包含了某种生活的真实内涵，也反映了人的想象与认知。尽管不同地域、不同文化中神话的形态及其内容常有相同或相近的地方，但仍然存在着明显的差异。在欧洲神话中，人的出现是亚当与夏娃受到欲望的诱惑，结成了夫妻。而在中国神话中，伏羲与女娲的结合则是出于对人类的拯救之责。大洪水的神话从题材来看也是相近的，但人们面对洪水的态度、办法却是不同的：一种是希望得到上帝的拯救，乘挪亚方舟以逃生；一种是发挥人自身的积极性，一代一代地面对，通过治理洪水来解救民生。这其中有很大的文化差异。

由于自然地理环境的特殊性，以及由此决定的社会文化的重要性，山西成为远古神话与传说比较集中的地区，我们所谈的伏羲、女娲，以及炎黄二帝、尧舜禹三帝在这一带都有很多相关的演绎。随着考古学研究的不断深入，我们知道尧、舜、禹已经是实实在在的历史人物，但他们身上的神话色彩仍然非常浓郁。除以上所言之神话人物外，其他具有神性意味的人物也多与山西有关，这些神灵争先恐后、蜂拥而至，在先民的想象世界里登台亮相、各显其能，可谓众语喧哗、斑斓多姿，构成了精彩奇绝的狂欢盛宴。这里我们就简单介绍一些。

大家知道女娲最重要的贡献是抟土造人、炼五色石补天，她也是中华民族的始祖。在山西的很多地方都有关于女娲的传说，如在山西潞城、平顺等地就有女娲是善人，不吃荤食的传说。在平定一带流传着女娲用7天时间来创造生灵的故事，其言玉皇大帝派女娲来治理凡间，第一天是木日，女娲创造了花草树木；第二天是水日，女娲创造了鱼鳖虾蟹；第三天是金日，女娲创造了飞禽走兽；第四天是火日，女娲创造了五牲六畜；第五天是土日，女娲照着仙童的模样用黄泥捏了50个金童；第六天是月日，女娲又照着仙童的模样捏了50个玉女；第七天是日日，那些金童玉女都有了鲜活的生命，所以这一天也叫作人日。这些神话与传说反映了远古人类对自身来源的原始解释。

在炎黄二帝的神话与传说中，关于炎帝的最为丰富。在晋东南一带存有大量关于炎帝神农氏的传说，如炎帝不仅自己亲尝百草，他的一家都舍身忘己，以求得可使百姓食用的果实。今天已经成为普通农作物的谷子、麦子、豆子等在炎帝时代并不被人们了解，炎帝的大儿子首先吃了谷子，之后中了毒。炎帝的岳母用针在小米上刺了眼，使小米的毒液流出来之后才能让人食用。其次子在尝了麦子后也中了毒。炎帝抽了麦子上面的筋，使毒液流走后才能食用。其三子尝了豆子，毒性发作。炎帝把豆子劈成两瓣，使毒液流出后才可食用。正是他们舍身试毒，才让人们知道了这些果实如何处理才可食用。为此，炎帝的三个儿子中毒后都变成了青面獠牙或头小腰弯、奇丑无比的怪物，他们的健康受到了极大的损害。炎帝本人也因为尝了百足虫即断肠草而不治身亡。他们一家舍生忘死，显现出中华民族勇于奉献、以民为重的高贵品格。

精卫填海也是具有重要影响的远古神话，其中说到炎帝的女儿名为女娃，住在发鸠山上。发鸠山在今长治市长子县西25公里处。女娃在出游的时候不小心溺于东海，化为精卫鸟。她面对东海滔天之水，深恐他人重蹈自己之不幸，于是发誓填海。每天女娃都要飞到西山，衔西山之木石以填东海。在女娃身上，也生动地表现出我们民族以他人为重，为他人献身的崇高品格。

在与山西有关的神话传说中，有很多表现上古时期人与自然之间关系的内容，如尧曾命羲和氏观测天象，其中的羲仲到了东方的旸谷，羲叔到了南方的南郊，和仲到了西方的柳谷，和叔到了北方的幽都，他们分赴四方，以掌握天象与自然的运行规律。这一传说流传广泛，史籍中也多有记载。在陶寺遗址中已经发现了当时的观象台，可以证明这些记载是真实的。尧还任用弃，也就是后稷来管理农业。后稷自幼即好树麻、喜农耕，有"相地之宜"。凡是宜于耕种的土地，百姓都按照他的做法来播种。《史记》曾言"弃主稷，百谷时茂"。说明在后稷的努力下，农业生产得到了快速发展，人们的生活也因此得到了改善。后稷当年教民稼穑之地，据说在今稷山县一带。尧时遇大旱，天上有十个太阳一起出现，以致草木焦枯，于是尧命后羿射日，其中九个太阳被射落，只留下一个。后羿射日之处在今屯留县三嵕山。这里建有三嵕庙，是为祭祀羿神而成。传说山上还有许多白皮松树，被认为是后羿射日时留下的箭，它们插在了山上长而成树。

这些神话与传说也有很多是反映人类之创造功业的。在高平西北的郎公山上建有仓颉庙，传说这里就是仓颉造字之处。而在高平的羊头山附近，传说炎帝曾来到一个叫朴村的村里，在此与仓颉老爷游戏打赌，把自己的二女儿输给了他。这似乎也反映出这一带与仓颉有着比较密切的关系。传说舜的父亲瞽叟就是一位音乐家，曾经制造了瑟。当时他造的瑟是十五弦，后来舜命乐师延增加为二十三弦，又命乐师质整理帝喾时期的音乐作品，终于编成了《九韶》。尧的两个女儿娥皇与女英都嫁给了舜，"嫔于虞"（虞就是舜的故乡，在今永济一带）。她们二人贤德善良，明大义、守礼数，与舜一起完善了中华人文道德。典籍记载商汤革夏桀之命后，遇到了大旱，五年不雨。商汤决定在今阳城县之析城山祈雨，他不愿伤害百姓牲畜，剪发磨手，以己身代牺牲，在上天面前反省。《荀子》中记有汤王自责之"六过"，如"政不节与？使民疾与？何以不雨至斯极也"等等，并且说"余一人有罪，无及万夫。万夫有罪，在余一人"。这种为政理念与爱民情怀对后世的影响也非常之大。

中国的神话与传说有一个非常突出的特点就是平民性，其中的神灵不仅有很多是功业伟峻的英雄帝王，也有许多普普通通的平民百姓。这在山西地区也有突出的表现，如愚公移山就是最为典型的一例。愚公要把挡在自家门前的太行山、王屋山挖开，并且发誓子子孙孙无穷尽也，显现出战胜困难的坚强韧性与无摧之力，是民族精神的典型体现。在山西很多地方，如和顺、万荣等地也广泛流传着七仙女与董永的传说。这一传说应该不限于山西地区，它显现出人们对美满爱情的向往、对美好生活的追求，以至于感动了天地万物。

大致来看，山西地区存留着的大量远古神话与传说，是中华民族传统文化中的瑰宝。这些神话与传说显现出中华民族的世界观、人生观、价值观，是原始初民对创世伟业的想象与认知，也是中华民族精神谱系的最初显现，奠定了中华民族的精神基因，它们非常生动地表现出中华民族自强不息、勤劳勇敢，善于创造、爱国爱民的高尚情怀与崇高品格。

第五章

从华夏到中华之文明的演进

第一节　夏文化的传播与文化意义的中原

在前面的介绍中，我们知道大约在尧都平阳的时期，华夏文明形成了，这是一个非常重要的历史时刻，不仅对中华民族意义重大，对人类的发展而言，同样具有极为重要的意义。华夏文明是由华夏族人在华夏地区创建的文明，而华族或夏族为当时文明发展程度高的人群，他们在华夏之地，也就是今天晋陕豫交界的地区，特别是晋南地区生活创造，汲取了各地最先进的文明成果，使中华大地上生成了一个将要对人类发展进步产生重要影响的文明形态，它具有强大的生命力、蓬勃的创造力、瑰丽的想象力、强大的同化力，以及融天地与人为一体的洞察力。

史籍中往往把"华"与"夏"视为同一含义的指称。最早使用"华夏"一词的，据说是《尚书》中的《周书》，其中说到"华夏蛮貊，罔不率俾"，就是说中原地区与偏远地区的人们，没有不对周武王表示服从的。孔颖达曾指出，"华夏一也"，"华夏皆谓中国，而谓之华夏者，夏，大也，言有礼仪之大，有文章之华也。"简单说来，就是华、夏均指文明程度高、文化发达、美丽崇高之地。其文化指代的含义是同一的，华即夏，夏即华，华夏即中国。我们这里所谈的"夏"，主要是从文化层面来讨论的。

尧都平阳可视为华夏文明形成的标志，但并不等于只有这一时期才形成了文明。文明不是在某一时刻突然出现的，而是有一个逐渐演化的过程，陶寺只是这一文明形成的确证或标志，我们不能简单地认为只有尧都平阳之后才有文明出现。从考古发现来看，陶寺之前的红山文化、良渚文化，包括大汶口文化等均显现出文明的特征，甚至形成了非常成熟的文明。这些文明现象属于广义的中华文明。经过研究，人们在很多地区发现了包含有华夏文明因素的文化现象，说明华夏文明由其中心地带，也就是陶寺为主的晋陕豫地区不断向周边扩散，并对那些原来并不属于华夏的地区产生了重要影响。

在山西发现的东下冯遗址是十分重要的夏文化遗址，这里有彩陶、绿松石等与陶寺相关的遗存，但也发现了许多在陶寺遗址中并不存在的文化元素。这说明在东下冯文化中存在着与陶寺相互影响的现象，其南迁导致今河南二里头文化的出现，以至夏文化的中心也发生了改变。天下之中由晋南陶寺转移到河南伊洛地区，影响也进一步向周边扩展。传说大禹治水，足迹遍布九州，完成了那一时期划定九州的工作。所谓"茫茫禹迹，画为九州"，为之后大一统国家的形成奠定了最初的地理认知与行政基础。考古学家在今安徽蚌埠市禹会村，发现了当年禹会诸侯的遗址，为典籍记载"禹合诸侯于涂山，执玉帛者万国"提供了实证，也证明了夏文化在南方的传播与影响。

另外，也存在华夏中心地带的文化在向南之后又北上，向北方以及西部地区扩散的现象。如在山西中部地区的太谷白燕遗址，太原狄村、许坦、光社、东太堡、金胜以及今吕梁杏花村等地均发现了夏文化遗存。它们亦可能渡过黄河出现在今鄂尔多斯及陕北地区，并继续向北与石峁文化、齐家文化等融合，再进一步向西北一带传播。备受瞩目的四川三星堆文化遗存表现出非常突出的夏文化特征，如在二里头发现的比较典型的陶器盉、小平底罐与豆等都在三星堆中出现。三星堆文化遗址中的玉器如玉琮、玉璧、玉圭等也明显受到中原地区或良渚文化的影响，虽然其传播的路径还需进行深入研究，但至少我们可以看到其与中原地区，或者说夏商文化之间有突出的联系，说明夏文化在西南地区仍然保持了比较强盛的影响力。

华夏族创造的文化在东南西北不同地区均产生了重要影响，如北方的匈奴、南方的百越都认为自己是禹的后裔。这种传播过程十分复杂，有许多反复，反映出华夏族群所及之地的进退。但是，从王朝政权所控制的地域来看，与文化影响所及之地还有不同。禹之后的夏朝，因其实力的盛衰，所控区域多有变化，但其核心地区大致在我们今天所说的中原一带。傅斯年曾根据各类史籍中涉及夏的论述进行研究，认为夏"以河东为土"，说其本土在河东地区，包括了山西南部即汾水流域，河南西北部即伊洛嵩高一带；往东至今之平汉线，强盛时期可能会到达商丘一带；往西据有陕西渭水下游，以至于再往西的地带；其南部，可能会到达汉水与江水交汇的地区，即今湖北北部。

（傅斯年：《民族与古代中国史》，上海古籍出版社，2012年，第35页）大致来看夏所控制的地区就是我们所说的中原。尽管夏之都城不同时期各有迁移变化，但均在中原之地。也可以说，夏朝的存在基本奠定了中国地理文化意义上的中原，也就是中华核心区域的大致形态。这不仅影响甚至决定了中华文化的品格、走向，也影响甚至决定了其基本的政治社会形态。

对夏的理解，除了要注意到作为华夏的夏，也就是文化意义上的夏或华夏外，还存在一个王朝意义上的夏，也就是夏朝。作为夏朝，其控制区域在一定时期是明确的，其存在的时间也是有始终的。但作为文化意义上的夏，其所影响的地区则是在历史的长河中不断变动而延续的。这种变动不是以国力之强弱、距离之远近来判断，而是以文化的认同来分辨的。所谓夏，并不仅仅是区位与政治意义上的中心，更主要的是文化与礼制意义上的中心，它代表了一种生产方式及由其决定的生活方式、价值体系、社会伦理关系与礼仪服饰等。如果承认这种文化形态，就属于夏，否则就不是夏，而是夷狄戎蛮。所谓夷夏之辨，其实质是文化之异同。最典型的就是楚，尽管其先祖出自颛顼，为黄帝之后，但长期远离中原，形成了自己独特的生产生活方式，被视为蛮夷，亦自称蛮夷，不属于华夏，但后来文明日进，中原诸侯与之会盟，接受了中原之礼仪制度，亦被认为夏。而郑本为诸夏，但其行为不合礼仪，被视为夷狄。这种转变主要是文化上的转变，即礼仪制度与价值选择的转变。历史上许多游牧民族要进入中原地区，其目的是获得中原正统地位，也就是成为文化意义上的华夏。这种文化认同是中华文明一个极为重要的特点。也正因此,华夏文明逐渐融合同化了许多其他的文明形态,演变为伟大的中华文明。

第二节　山西与夏、商、周的关系

晋南为华夏之地，至尧时建都平阳，也就是我们所说的陶寺。后来尧禅位于舜，舜禅位于禹，禹建立了夏朝。由此看来，山西不仅与文化意义上的夏，也就是华夏，有着极为紧密的关系，与朝代意义上的夏，也就是夏朝，也有极大的关系。所谓夏以河东为土，就是说夏是以河东地区即晋南为其本土的。后来夏都从晋南，很可能是陶寺或夏县的安邑，以及东下冯等地迁至今天的二里头，也就是河南偃师一带以及其他相关地方。考古发现也认为山西各地多有夏朝时期的文化现象，如东下冯遗址、白燕遗址、光社遗址、杏花村遗址等大量遗存可以证明，山西与夏朝有着极为深厚的关系。那么，山西与商周有没有关系呢？要说明这个问题，还要从史籍记载与考古发现中来寻找线索。

关于尧的身世。据说尧的父亲是黄帝的曾孙帝喾。帝喾是古史记载中极有作为的帝王，他有4个妃子，次妃是常仪，为娵訾氏，给他生了长子挚。挚后来继承了帝喾的帝位。但是挚的才干比较差，其德行威望都不如其弟尧，在位9年后把帝位禅让给了尧。帝喾的元妃是姜嫄，为有邰氏，生子为弃，也就是人们说的后稷。弃长于农耕，善于相地，被尊为谷神，是周部落的先祖。帝喾还有一位妃子叫简狄，为有戎氏，生子契，被认为是商部落的先祖。尧的母亲叫庆都，史称陈锋氏，也是帝喾的次妃，生了尧。我们在这里介绍尧的兄弟，是要说明华夏族与商周之间的关系。如果我们认为尧为华夏族的话，那么弃，也就是周部落，以及契，也就是商部落，都应该是华夏族的一部分，是从华夏之地迁徙或分封至商周之地发展的。经过漫长的岁月，他们逐渐形成了政治集团，成为继夏之后的王朝。但这只是一种分析，还需要从史籍与考古中寻找夏商周三代之间的联系，以及它们与山西的关系。

我们先讨论一下商。商是取代夏的王朝，但其源却是夏。除了商之祖契本身就是夏族之后外，契在尧舜禹时期均担任重要职责。传说尧、舜曾命契做司徒，以教化百姓。又传契曾为陶唐氏之火正，以管理或观察大火星，也就是辰星，制定了殷历。契曾帮助禹治水，成就很大，于是被封于商，并赐契姓"子氏"。这在《殷本纪》等典籍中多有记载。说明契本来是夏之重臣，因功而被封于商，是夏的一支。学者讨论先商文化，以追寻封商之前与商有关的文化演变，发现晋中的太谷白燕、太原的许坦等遗存中有相应的文化现象存在。在晋南东下冯遗址中也存在相应的文化现象。特别是在陶器器型体现的文化特点上非常明显。这说明在商之前的晋中一带已经存在商文化的先导。

学者又根据历史记载，从文字的演变来研究，发现漳水就是古滴水，“漳”“滴”音同，为通用字。《汉书·律历志》：“商之为言章也。”就是说，今天我们说的漳河在当时应该也称为滴河或滴水，它们所指为同一条河。相应地，商应该起源于漳水之源。而晋中榆社正是漳河的发源地。先商文化在晋中一带表现得非常明显。在契封商后，商文化应该会沿漳河向南进入今河南一带，逐渐发展成为一支具有相对独立意义的文化政治力量。

封商之后，山西与商的关系亦非常紧密。从考古发现来看，首先是发现了与商有关的城址。垣曲商城平面呈梯形，有宫殿区、居住区等。在夏县东下冯也发现了商城，有城墙、仓储建筑等。这两处商城建于夏人活动的中心地区，连接晋南与豫西，既是对夏人的防御之地，也是从富庶的晋南向商之京畿运送物资的枢纽之地。其次是在山西还存在大量与商有关的方国，这些方国或在不同时期归顺于商，或与商保持了对立的姿态，如亘方、唐方、子方、土方、马方、鬲方、鬼方、危方以及天方等，分布在吕梁山脉黄河沿线与晋中、晋南、晋东南等地。许倬云先生在其《西周史》中介绍了李学勤先生的研究，认为土方地望在山西中部，与商为敌；危方在山西西南部；鬼方亦在其近邻，是商之劲敌。（许倬云：《西周史》，生活·读书·新知三联书店，2001年，第43页）

在不同遗址中发现了大量的商代器具，其中以青铜器为最。在长治一带发现的青铜器与殷墟青铜器完全一致，说明这一地区受殷商文化的影响非常突出。在灵石旌介一带发现的青铜器群，与殷墟青铜器有着形制与纹饰等方面的相似之处，具有明显的商文化特征。在石楼一带发现的青铜器则具有突出的游牧与尚武特征。一些青铜器还刻有铭文，如刻有"丙"字族徽的青铜器，说明这些青铜器为丙方人所有。据青铜铭文记载，丙人曾在军事征伐中帮助过商王，是与商有良好关系的方国，商王亦因此而赏赐丙方等等。在柳林高红遗址中发现了商时大型夯土台基，这里应该是一处高度发达的社会组织的中心。一些地方还发现了商时青铜车具与铜马雕像，说明这一时期车马的使用已经非常普遍，活跃在晋西北地区的马方、丙方应该是其代表。

商时，山西地区也出现了许多杰出的人才。其中的傅说，出身低下，被商王武丁重用为相，其治国思想对后世有极为重要的影响。傅说还是一位建筑学家，使版筑技术得以光大。另一位十分重要的人物是箕子，他本为殷纣王叔父，因反对纣王荒淫暴虐被囚禁。箕子善卜筮，精阴阳五行，据说还发明了围棋。后被周封于朝鲜，将先进的华夏文明传播到朝鲜半岛，促进了朝鲜半岛的文明开化。总而言之，山西与商有着非同一般的关系。

我们再来看周，尧的另一位兄弟弃被认为是周之先祖。史籍记载其出生地为山西稷山，后被封于古邰城，在今陕西武功县，号称后稷。当弃还是孩童时就喜好种植，成人后善于相地，知道什么地可以种什么，所以他种地收获颇丰，被尧发现后举为农师。舜命其为稷官，常教民耕种，播莳百谷，使天下百姓改善了生活。据说弃是最早种稷之人，也是第一个建立粮食储备库，实施畎亩法的人。弃由于在尧舜禹时期历代均为主管农业的官员，人民颇受其益，被后人尊为农神、谷神。由此来看，后稷本身就是夏之一员，其族民本来就是夏人。这一点也在许多史籍的记载中得到证明。周人自称往往以"夏"为名，如《尚书·康诰》"造我区夏"、《诗经·周颂》有"我求懿德，肆于时夏"等。《史记·周本纪》比较详细地记录了后稷的生平，认为"后稷之兴，在陶唐、虞、夏之际，皆有令德"。

很多学者认为周之源起在山西。如钱穆、许倬云、邹衡等明确认为是晋南。除因弃为尧之农官，应距陶寺不远的客观原因外，考古研究也发现了周、夏之间的密切联系，主要是揭示出周人在晋活动的重要区域与迁徙路线，发现周与陶寺、东下冯以及石楼、光社等文化遗存的关系，可以看出周人可能从晋南向晋中以及更北方向迁徙的动向。在灵石旌介出土的青铜器中有"天"之族徽。而天族正是周人的标志。在《诗经·大雅》的《緜》中有"自土沮漆"的记载，介绍了周人迁徙的历史。这里的"土"就是土方，在山西石楼县。"漆"是漆水，在陕西武功一带。这就是说，周人是从山西的石楼一带辗转迁徙至今陕西武功一带的。这一迁徙，可能是因为夏之太康失国后，周人不再受到重用，开始向北方迁移。但这种移动不是一朝一夕完成的，而是经过了一个相对漫长的时期。他们并没有立即寻找到自己擅长的农业生产的理想之地，而是自窜戎狄之间，也就是迁徙到了西北地区不适宜于农业生产的地带，只好放弃了原来的农耕方式，改为游牧生产族群。后来在周人的领袖公刘的带领下，逐渐迁移到了豳地，发展农业，创制礼仪，受民称颂。再后来古公亶父率部再迁至周原建周国，为商之诸侯国，这为之后周文王、周武王的兴起奠定了基础。至周武王时，终于灭商立周，开启了中华文明兴盛的崭新时代。

山西与周王室的关系亦非同一般，晋国为周时极为重要的诸侯国。周成王封叔虞于唐，具有屏护周室的战略意图。后来改唐为晋，逐渐演化为实力强大的诸侯国，称雄天下。晋文侯勤王，助周平王东迁，被认为是再造周室的功臣。通过改革、和戎、变法，晋国的经济、政治、文化都得到了发展，终成霸业。韩赵魏三分晋，开启战国时代，渐成一统大业。同时，晋之文化科技与经济多有创新之举、济世之功，为周时中华民族社会经济的发展、礼仪制度的完善、价值体系的构建、文化艺术的繁荣做出了极为重要的贡献。

第三节　疆域的拓展与山西

前面我们介绍了华夏文明的形成。但是，华夏文明与中华文明是什么关系呢？在什么时候出现了中华文明呢？下面我们再谈谈这个问题。

我们知道，华夏文明是中华文明的主体，但华夏文明并不等于中华文明，中华文明是一个比华夏文明所指更为广泛的概念。在漫长的历史进程中，由于华夏族群一直处于生产力发展水平较高的层面，其生产方式，以及由此决定的生活方式、行为规范、价值体系对其他族群产生了积极影响，吸引他们逐渐融入华夏、认同华夏，成为华夏族群的组成部分。这可以从许多史籍的记载中看到，如匈奴族群生活在北部草原地带，从事游牧生产，对中原地区产生了重大影响。但他们并不认为自己不同于华夏，而是说自己是夏后氏之苗裔。也就是说，匈奴人认为自己是夏的后人，只是不在中原生活，迁徙到了北方草原地带。这种自认为华夏后裔，并追怀自己的先祖为华夏的现象在草原游牧族群中是极为普遍的。

还有一种情况是，原来并不被认为是华夏的族群后来成为华夏。如周人，本为黄帝姬姓之后，长于农耕，无论其生活的地区还是从事的生产，均为华夏，但他们从晋南一带迁徙至西北地区，奔于戎狄之间，与游牧族群生活在一起，从事半耕半牧的生产，自然不再被视为华夏。后来在古公亶父的带领下回迁至渭河流域的周原一带，重新从事农耕，并得到发展壮大，终于克商兴周，继承中原正统，又成为华夏。

正是在这样的历史演变中，华夏族群不断扩大，融合了东方、北方、南方及西方等地不同的族群，形成了一个更为庞大的民族——中华民族。其文明也吸纳了本来并非华夏地区、华夏族群创造的文化，显现出更为强大的活力与创造力。如果简单用华夏文明来概括，就会使人误为原生的古华夏文明。而用中华文明来指称，就更符合历史的实际情况。中华之"中"，源于中国，是据有地中天意与帝王之都正统含义的表达。中华之"华"，是华族所造之崇高文化、高尚文明的指称，其含义应该是能够代表天意的具有发达文化的正统之民。而这一民族及其文明之形成，应该在周时。为什么这么说呢？其原因大致有这样几个方面。

周克商之后，其治理疆域得到了空前的扩展。在《左传·昭公九年》中有一段关于周之疆域的记载，詹桓伯对晋人说过到这一问题，其大意是周自夏及后稷，魏、骀、芮、岐、毕是周的西部疆域。就是说，从夏以来，周就在西部的这些地区活动，直至今天。到了武王克商后，周之疆域向四方拓展，东部疆域有薄姑、商、奄等地，南部疆域有巴、濮、楚、邓等地，北部疆域有肃慎、燕、亳等地。这里所说的是武王克商时周之疆域的大致范围。实际上在周朝漫长的800年历史中，其疆域在不断地扩大，中原边远之地不断地被周同化。这里我们根据考古学家的研究，简单介绍一下其疆域的四至。

在北方，考古发现被认为是燕国都城的遗址在今北京房山琉璃河一带。此外，在太行山东麓如邢台、涞水等地，太行山西麓之翼城、绛县、曲沃、洪洞、长子、黎城等地均发现了西周时期的遗址。在东方，最远的封国是齐国，在青州凤凰台等地有遗址发现，可见其势力拓展至山东半岛一带。在南方，西周最远的封国大概是鄂与曾，大约在今随州一带，说明其势力范围已经拓展至长江流域。虽然周并没有在其心腹之地渭河流域分封土地，但其在西部的影响至少拓展到甘肃天水一带。这一描述与前面《左传》的说法还有不同，但这是用考古发现来证明的西周的疆域，并不是实际存在的情况。

周朝大概有800年的国运，终于被秦取代，成一统之势，其间经历了各种变化，控制疆域不断扩大。特别是进入东周，更多的诸侯国被纳入其势力范围。南部如楚国、吴国、越国等均为周之诸侯国。而在北方，随着秦赵实力的增强，其控制区域也在不断拓展，一直进入草原地带。在西部，周之势力已进入巴蜀之地，影响到云贵地区。在疆域拓展的同时，各地的文化也进入中原核心地区，它们相互交融，使中原地区的文化显现出丰富性。如果仅从周王朝控制的疆域而言，夏商均难与之相比，这是在周时发生的一个极为重要的变化。

在这一变化中，山西有什么作用呢？大家都知道，山西古称"晋"，而晋就是周王室之重要封国。桐叶封弟的故事大家都知道，说的是周成王与自己的弟弟叔虞玩耍，要封叔虞，事后却并没有当回事。但是周公却说天子无戏言，于是成王就把叔虞封于唐国，也就是后来改称为晋国的地方，在今天的曲沃、侯马一带。这是史书上有记载的。但是从周克商之后进行的分封来看，似乎并不是这么简单。因为周克商之后有一个如何控制局势、巩固政权，对国家进行治理的问题。周虽然没有灭绝商的官民族裔，但仍然有一个如何控制这些殷商遗民的问题。其分封国土就体现出非常重要的政治谋略，其中最重要的是齐、鲁、卫、晋四国。如把周武王的老师姜太公封于商之盟国薄姑与莱夷一带，建立了齐国；把周公旦之子伯禽封于商之盟国奄，建立了鲁国；把周武王的弟弟康叔封于卫国，以统领殷商遗民。可以看出，这些分封都是用周王室最信任、最重要的人来管理过去与殷商关系密切的地区，以防止其对周不利。

此外还有一个极为重要的分封，就是把周成王的弟弟叔虞封在唐国，即后来的晋国。所以，封叔虞于唐，并不是一句玩笑话，而是有战略意义在内的。晋国地处黄土高原，对高原之下的地区成俯视之势，是防范高原北部游牧族群的战略要地，也是居高临下镇压殷商旧族的战略高地。因此周王室需要有一个对周忠诚、能力非凡的人来治理晋，这实际上正是由于晋所处的地理位置非常特殊，北可防游牧族群南下，南可控宗周丰镐、成周洛阳之安危。同时，晋南地区气候宜人、土地肥沃、物产极丰，亦是供给中央财物的重要地区，无论战时、和时，其战略地位均极其特殊。

在疆域的拓展中，晋国的贡献也非常大，这主要体现在与西部游牧族群的关系上。东周时，林胡、东胡、娄烦等对赵形成挤压。赵武灵王"胡服骑射"，改革军制，使周之军事实力大大增强，迫使诸胡退回草原，周之疆域亦得到空前的拓展。最早修筑的长城有赵长城、燕长城，其军事目的均为阻挡游牧族群南下。这时赵的疆域已经扩展至草原地区，农耕生产也越过了雁门关，向更北的区域延伸。这当然是周时发生的重大变化。相对于商来说，虽然商也十分重视对河东地区的经营，在垣曲等地建有城防，但其国力渐弱，呈收缩之态，晋地之防护屏障并没有起到应有的作用。

总的来看，周时，由于其国力的增强、文化的发展，疆域不断扩大，不仅拥有传统的中原地区，而且在此基础上向四方拓展，大致控制了主要的宜耕地带，使中华地区的生产方式呈现出以农耕为主，间有畜牧、手工业、贸易等一主多样的形态。在其控制的疆域范围内，不同生产方式的族群对中原的认同进一步增强。这种认同，虽然有政治权力的作用，但更主要的是文化的影响。

第四节　民族的融合与山西

前面介绍了周立之后所控制的疆域逐渐发生了变化，主要是前所未有地扩大了，这是作为王朝的夏与商远不及的。大致来说，今天中国的大部分地区当时都在周之控制或影响之下。周时出现的另一个非常重要的现象就是民族的大融合。这种融合不仅是行政意义上的，更主要是文化意义上的。也正因此，奠定了中华民族最基本的认同基础。

周之前，在中华大地上生活着各种不同生产生活方式的族群，由于所处地理条件不同、气候不同，物产各异，形成了不同的生产方式及与之相应的生活方式，其生产力发展水平也不尽相同，各有差异。大致来说，生活在中原地带的族群，由于地理条件的优越性，生产力发展较快，文明程度较高，这就是我们所说的华夏族群。但是，在其周边地区还生活着许多其他族群，就是我们通常所说的蛮、夷、戎、狄等。同时，不同族群并不是整齐划一地在不同的地区生存，而往往是错杂交叉，表现出地域上的复杂性。即使是在华夏地区，也仍然有很多不同的族群，他们生活在华夏之民的相邻地带，如高山地带，从事着不同的生产，如半耕半牧或以畜牧为主。

以周人而言，其先祖后稷本来生活在华夏中原地区的汾河流域，从事农业生产，且世为农官，极受重用，但是后来迁徙至更北的地区，所谓"自窜于戎狄之间"，与戎狄杂居，开始游牧生活。这一时期，周人不再被视为华夏，成为非华夏族群，后在古公亶父的率领下迁至关中渭水流域，伐木劈土，以农耕为主，又重返华夏。同时，他们与周边的其他族群如北狄獯粥、犬戎、昆夷等有较多的联系接触，或发生冲突，相互攻守，终于发展壮大，克商而兴，成为华夏正统。从周人的情况可以看出当时复杂的民族关系。一是这些族群不一定是固定的，是随着条件的变化而改变的。如周，本为华夏，但因地理位置偏北，被视为戎狄，但虽为戎狄，却又回归华夏。可见，是不是属于华夏，不是看某一族群的出身，而是看生产方式、生活方式以及相应的文化。二是华夏族群与其他族群之间往往是相邻错杂而居的，不同族群之间并没有严格的地域之分，它们很可能就是邻居。在偏北的地区，可能生活着獯粥这样的非华夏族群，但也生活着周人这样的本来属于华夏的族群。在关中平原，可能生活着从事农耕的周人，但也与昆夷等相邻相间。三是那些非华夏的族群是不是曾经属于华夏，也是一个非常复杂的问题。比如匈奴，可能就是獯粥的后人，但是匈奴认为自己是夏后氏之苗裔。如果是这样的话，似乎应该判定獯粥至少曾经是华夏之民。无论什么情况，都只能说明历史上民族问题的复杂性。我们需要认识到的是，由于生产生活方式的不同、文化形态的差异，在不同的时期存在着许多不同的族群。

西周立朝，这种民族形态的复杂性仍然存在，但随着周之国势的变化，发生了改变，即出现了大融合。首先是曾经属于华夏，后被视为蛮夷的族群被重新视为华夏。除前面所说的周外，如楚，其先祖为黄帝之孙，颛顼帝高阳氏，为华夏之后裔。直至商朝末年，楚之鬻熊曾为周文王非常信任的重臣，其曾孙熊绎被封于楚荆。楚君熊渠曾扬言"我蛮夷也，不与中国之号谥"，不仅自认为蛮夷，且就规章礼制等言，也不承认、不认同华夏。但是，随着国力的增强及与中原各国的联系日益密切，文化的交流也越来越深入，楚国在国家治理、经济发展、文化礼制等诸多方面开始采用中原模式，终于称霸一方，成为左右周王室的重要力量。楚也不再自认或被认为是蛮夷，重新成为华夏族群中极为重要的一部分。有类似情况的如秦、吴、越等皆如此。

其次是曾经被视为非华夏的异族被华夏同化，成为华夏的组成部分。如周立，封周召公于戎狄居住的地区，今北京房山琉璃河一带，建立了北燕国。这一带原本为商时各方国。这些方国的人并不是商人，而是从属于商，或者说接受商统治的戎狄之人，如肃慎，他们在召公的统领下，逐渐接受华夏文化，成为华夏之人。战国时期，赵灭中山，中山之民成为华夏。但中山国之民，此前并不被认为是华夏，而是非华夏的戎狄人民。

再次是通过战争征服非华夏族群，使之归顺华夏。如周宣王曾对严允、西戎、徐戎等发动战争，使这些族群归顺周王朝，逐渐演化为华夏之人。其他诸侯国也征战周边实力较弱的国家，灭其国而收其民。或者征服华夏诸侯国临近或领土内的非华夏族群，使这些民众归顺华夏。总而言之，在周时出现了一股极为普遍的民族融合潮流。尽管这一潮流并没有把所有的不同民族演变为同一民族，但却促进了各民族对华夏族群、华夏文化的认同，奠定了中华民族在文化价值上的求同品格。

在这一潮流中，山西亦发挥了十分重要的作用。周成王封叔虞于唐，后改为晋。无论唐晋，均有屏障高原戎狄族群，护卫周室的战略作用。事实上晋地虽然地理条件优越，政治环境却比较复杂。一方面是商时晋地诸方国虽然有许多与商的关系比较差，但无疑也有许多与商保持了比较紧密的关系。商亡，这些方国的态度如何，需要有周室信任的人来统领。另一方面是晋地地势复杂多样，在广大的山区如吕梁山脉、太行山脉等处仍然生活着许多戎狄族群，如在今晋东南一带，当时就有赤狄，在晋西南有戎族，在晋北有犬戎以及林胡、东胡、楼烦等。这些族群与晋地的华夏族群错杂交叉，往来亦很密切。《左传》就记有"晋居深山，戎狄之与邻"。如晋献公一方面兼并戎狄之势力弱小者，一方面亦与戎狄交好，他的四位姬妾均为戎狄之女：大戎狐姬生重耳，就是后来的晋文公；小戎子生夷吾，即后来的晋惠公；骊戎女生奚齐；其妹生卓子。她们的亲戚也多在晋室为官，如狐姬之兄狐毛以及狐偃，也就是子犯，均任晋国之上卿或将军。晋文公亦娶狄女为妻。晋之名臣赵衰与狄女所生之子即后来在晋国任执政的赵盾。

晋在推进民族融合中多有突出的贡献。封国之初，即实行"启以夏政，疆以戎索"的治国方略，就是用夏的政治文化来治理晋，同时以戎狄之习俗法度来管理其地。这充分反映了周时对于民族关系实事求是、尊重包容的态度。事实上晋也比较典型地实施了这一方略，许多戎狄族群在与晋的联系交往中被同化。晋惠公曾安置由秦迁入晋地的姜戎氏于晋南。姜戎氏参加了晋国的许多征战活动，其中的一部分逐渐认同了华夏文化，终于融入华夏。晋悼公时，大臣魏绛力主和戎，陈述和戎之利。晋悼公派魏绛去实施。魏绛所到之处，均与戎狄签订盟约，双方和睦相处，不仅增强了晋国的影响力，而且极有助于经济社会的发展，是为"魏绛和戎"，对中国多民族国家一统同宗的形成做出了重要贡献。

和戎带来了民族的团结、社会的进步、文化的认同。晋地用于农耕的土地得以开辟，农业得以发展，同时学习了戎狄的骑马技术、制造刀具的技术等，生产方式得以改进。晋人的青铜制造技术、建筑技术、制陶技术与文字等亦为戎狄族群所接受，相互之间的融合不断加深，"与华夏无异"。总之，周时是民族大融合的重要时期，形成了以华夏为主体，融合多民族族群于一体的民族形态，奠定了中华民族文化认同、多元一宗的民族格局。

第五节　统一治理形态的形成与山西

　　周时社会管理体制也发生了极为重要的变革，这种变革主要是强化了国家的行政体系。一方面是以分封的方式使地方的权力与中央的关系更加紧密。地方诸侯的权力来自王室的分封，而不是其他。另一方面是这种分封的权力体系更加普遍健全。凡周王室能够控制的地区均需分封，这大大增强了国家的一体性。所以人们一般认为周王朝时期是中国封建社会形成的时期。亦由于这种分封使国家治理体系统一起来，形成了中华民族的第一次大一统。

　　事实上这种分封的国家管理方式并不是周时才出现，应该在夏或者更早的时候就已经存在。尧就是被帝喾封于古唐国的，这就是说在尧时已经出现了封的国家管理方式。不过，在那一时期，分封并不是国家管理最重要的手段，所谓的帝控制的地域可能也很有限。尧时对各地方国或部落的控制主要是一种软控制，即凭借其生产力的发达与尧个人道德人格的高尚来影响、吸引其他地区的人们，使之归顺或追随尧之唐国。所谓协和万邦，并不是依靠权力或武力，而是依靠道德教化，所以人们认为尧其仁如天、其智如神，就之如日、望之如云，莫不来朝。大禹治水，合诸侯于涂山，执玉帛者万国。这里所谓的万国，并不都是封国，而是各地众多的部落方国慕禹之威名而来。不过夏时的分土封侯现象表现得更为突出，《史记》就记有"禹为姒姓，其后分封，用国为姓"。至商，因于夏礼，就是继承了夏的制度文化，其分封亦多存在。对此，《史记》亦说"契为子姓，其后分封，以国为姓"。不过商时各地方国很多，据说有三千，这些方国并不是商所封而成，它们与商王室或归顺、或亲近，或敌对、或摇摆，情况比较复杂。总的来看就是随着社会生产力的发展，分土封侯的现象越来越突出，王室对其他地域的管理控制进一步向权力体系的完善倾斜，至周时终于形成了一整套相关的管理体系。

这种管理体系最突出的特点是分封制的进一步完善与系统化。武王克商，周代商而立，分封各地，至成王时大封诸侯。在以洛阳为核心的地带，封姜太公于商之盟国薄姑与莱夷，建齐国；封周公旦之子伯禽于商之盟国奄，建鲁国；封武王之弟康叔于殷墟，建卫国；封成王之弟叔虞于唐，后改为晋。同时，封周召公奭于戎狄集聚的燕地，建立燕国，亦称北燕；封商纣王的庶兄微子启于商之故都商丘，建立宋国。从这些分封来看，周对克商之后的国家治理有非常深远的战略安排，其中以齐、鲁、卫、晋为主体，主要解决的问题是对商之盟国臣民的制约与对北方戎狄的防卫；以燕与宋为其两翼，主要解决的问题是平原地区戎狄的教化以及商旧都商遗民的管理。此外，还分封数十个姬姓同族诸侯，炎帝、黄帝以及帝尧、帝舜、夏禹之后于各地。仅这些黄帝姬姓系的封国就有70余国，此外还有其他族系的封国。通过分土封侯，确立了周王室与各地诸侯之间的权力关系，其数量、布局、地域之广前所未有。《诗经·北山》有言："溥天之下，莫非王土。率土之滨，莫非王臣。"这种一统的国家形态正是周时形成的。

与此相应的是土地制度的改革以及税制的变革。周根据距都城的远近划国土为五服，其收获用来承担不同的社会责任，如供奉百神，备百姓之用，以及不庭不虞之患，也就是意想不到的灾害之用等。为此，将土地及依靠特定土地生活的庶民授予贵族，土地不再是个人的私有财产，而是属国家所有，由贵族占用，由庶民耕作，并承担国家赋税，这就是所谓的"授民授疆土"之说。其赋税制度是"百亩而彻"，就是每耕种百亩土地缴十分之一的税。其基本方式是"井田制"，凡一井有公田，亦有私田。这种土地赋税制度虽然在夏时已出现，商时亦有改善，但至周时才进一步完善普及。

晋国为周王室姬姓之国，亦是周核心地带的屏护之地、供给之地，在周之地位极其重要。前面已经分析过周成王封其弟叔虞于唐，就是后来的晋，这首先是国家战略布局的需要。对北部戎狄，晋有护卫周室之用。对殷商旧民以及叛乱之诸侯，晋在黄土高原，有凭借地势俯瞰，实施冲击镇压之用。晋地物产丰盛，农业发达，对周中心地带有供给之用。晋为夏墟，乃夏人兴起兴盛之地，为周人先祖后稷祖地。有夏才能有周，有晋才可护佑王室。因此，对于周王朝而言，唐也好，晋也好，均有其精神维系之用。

在周大约八百年的时间内，晋之重要性非常突出。首先是晋地开疆拓土，不仅征服、归顺了许多戎狄之民，而且将原商时方国的大部分纳入周之势力范围。同时，晋以及后来分晋后的韩、赵、魏三国不断向周边开拓，使周之控制地域大大拓展至塞北地带及太行山以东的地区。如曾经雄踞太行山东西两侧的白狄中山国，势力强盛，但终被赵灭，其地亦归周。从这样的角度来看，晋对周之贡献非常突出，大大地拓展了周的疆域与势力范围。

晋对周王室的屏护也多有极为重要的表现。西周时厉王无道，奢侈挥霍，防民之口，激起各地诸侯与百姓的严重不满，民不堪其苦，终于爆发了国人暴动。周厉王仓皇出逃至彘，后殁于彘。彘是什么地方？就在今山西霍县。周武王封诸侯时，把自己的弟弟叔处封在霍，为霍国。因其境内有彘水，又名彘。其地与当时的晋为近邻，春秋时被晋灭。这时的霍国还是一个被周封的诸侯小国，厉王逃至此，表明彘与其关系比较好，成为周王遇难时的避难之地。厉王废，宣王静立。历史上有所谓"宣王中兴"之说。周宣王攻伐诸狄，多有斩获，但与姜氏之戎的千亩之战却大败。为补充兵员，"料民于太原"。所谓"料民"，就是清查户口，以便征兵。可见这时的太原已为周之倚重之地。

西周末，由于周幽王破坏定制，宠信褒姒，戏弄诸侯，被杀于骊山。京师丰镐破，被抢劫一空，尽成瓦砾。周平王立，决定迁都成周雒邑，也就是洛阳，开东周时代。对于国家而言，迁都事大，必须有实力雄厚的诸侯支持。这时为周平王护驾的，主要有秦、晋、郑等诸侯。秦本与周同在黄河之西，地域相连。晋则在黄河之东，本来就有藩护之责。郑国先被周宣王封于镐京附近，大约在今之华县。周迁洛阳之前郑已迁于今河南新郑一带。他们对周王室东迁亦有护送之功。周襄王时，王子带叛乱，赶走襄王，自立为王。周襄王向秦、晋求援。晋大夫赵衰认为，求霸莫如入王尊周。周王室与晋是同姓，如果能够尊王护周，就是晋国的资本。晋文公听从了赵衰的意见，派兵把周襄王护送回洛邑，诛杀了王子带等人。周襄王为酬谢晋文公，赐给晋国黄河北岸、晋国之南大片土地。可以说，从某种意义来看，晋国对周王室确有护佑再造之功。

东周时，周王室的地位已大不如前，宗法制度被破坏，天子权力被削弱，诸侯之间相互争霸兼并，社会秩序处于混乱状态。据说禹会诸侯时有万国，至商时有三千，西周末大概有一百四十余国。东周时，诸侯的兼并更为激烈。春秋时期最重要的是五霸，但主要的诸侯国仍有齐、鲁、楚、燕、秦、宋、郑、吴、越以及晋等。后来，晋国为韩、赵、魏三国所分。周烈王二十三年（前403），周王室承认韩、赵、魏为诸侯国，虚晋国。三国分晋，《资治通鉴》所载认为是东周时春秋时期的结束，战国时期的开始。这时尚有诸侯二十多国，但以齐、楚、燕、韩、赵、魏、秦实力最强，是为"战国七雄"。由此可以看出，晋国被分具有极为重要的历史意义，这不仅是战国时期开始之标志，亦推动了当时社会政治经济的转型，促使周时封建领主分封制向多民族的、大一统的、中央集权的国家制度转变。这种转变是中国社会形态的进步，为之后中华民族的文化凝聚与国家统一开启了先声。

第六节　礼乐制度的嬗变与山西

周时一个极为重要的贡献是礼乐制度的确立，礼制成为国家治理的基本体系，也就是说，国家政权的基本构架、社会管理的基本方面都有可以遵循的制度规定。这与夏商有很大的不同。夏时国家形态与周相异，其治理方式也有区别。那时已经有了中央与地方不同的组织体系，有管理各项事务的官员，有王位的继承制度等，王位世袭制、分土封侯制、世卿世禄制等宗法制已经基本建立。但是相对来说各方面都比较简单，还有很多部落或方国之类的政治组织并没有纳入这一管理体系。商时，承夏制因夏礼，各有增减变革，主要是各种制度更为具体详尽。但无论是其管理体系的完善，抑或是地域治理的全面，多难与周时相比。特别是还有很多方国作为地域性政权组织的存在，并不是商之封国，甚至很多方国与商是敌对关系。

周人强调自己是夏人，这虽然有历史演变的依据，但主要是为了取得文化上的正统地位。同时，周也继承了夏以来的相关制度，并进一步系统完善，主要体现在这样几个方面，一是完善了中央制度。周天子分封诸侯,对诸侯有封、夺之权。诸侯需听命于天子,向王室纳贡,尽各方面的义务,大国诸侯亦可在王室任中央职务。二是普及了分土封侯制度或封建制度。国家的土地归周王室所有,由王室分封给诸侯,诸侯再以各种形式交由庶民耕种。三是健全了礼乐制度。无论国家大事、诸侯之请、庶民百姓之行为都有相应的制度规范,形成了一整套典章礼仪,如表示权力地位的鼎,就规定天子用九鼎、诸侯用七鼎、大夫用五鼎、士甲用三鼎或一鼎等等。在此基础之上,明确宗族世系,不论天子或是诸侯,均分为嫡系大宗、庶系小宗,大宗嫡长子有继承大位之权。这使宗法制度更为完备,类似这些事项都以制度律令的形式确定下来,供人执行。

传说由周公所作的《周礼》是我国第一部系统完备的规范国家机构、治理体系及制度功用的著作。尽管此书到底由谁所作还存在许多讨论,但基本上反映了周时的礼乐典章是无疑的。在这一著作中,以周制为主轴,不仅介绍了当时国家机构的设置分工与职能,也反映出当时人们对国家制度、权力意义的哲学思考,涉及政治、经济、文化、艺术、科技、军事、日常生活等诸多内容。《周礼》共分为六部分:一是天官冢宰,主要是治理国家之官,是为治官;二是地官司徒,主要是掌管邦教之官,是为教官,亦包括掌管土地与人民的官;三是春官宗伯,主要是掌管礼事之官,是为礼官;四是夏官司马,主要是掌管军政之官,是为政官;五是秋官司寇,主要是掌管刑法之官,是为刑官;六是冬官考工记,主要是掌管工程技术事务之官,应为事官，但此篇亡佚，后人以《考工记》代之。

《周礼》把国家治理体系中的官职系统与自然现象结合起来，规定什么季节什么时间做什么政事、如何做等等。在对政权治理的规定中，体现了人与自然之间密不可分、相互作用的关系。如大司徒，也就是冢宰的职责之一是寻找地中，并决定在地中建立王国都城。之所以如此，因为地中是天地中和之气汇合的地方，是四季时间均衡交错的地方，也是风雨适时汇聚致风调雨顺的地方，是阴阳二气和谐而存的地方等等。《周礼》也突出地强调了仁的政治理想与作用。国家治理就是要富邦国、任百官、生万民，使国、官、民三者统一起来。国家治理的目的是要国家强盛，百姓能够很好地生活，此乃为仁政，是符合天道之政。《周礼》也有很多部分涉及艺术、科技等内容。在制定官职礼制的同时，《周礼》也是一部反映周时政治、经济、文化的百科全书。

一般而言，人们认为中国传统文化强调以礼治国，强调德政仁治，这应该也是事实。但实际上所谓的礼，其实也就是法，是一种要求人们遵循的规则。在礼中也包括了法的要求及法的内容。或者我们也可以说，礼与法是一枚硬币的正反两面，礼从正面规范人们应该做什么、怎么去做，法则从反面限制人们不能做什么、做了之后要承担什么后果。《周礼》也反映了当时有关法的内容，如秋官主要谈的就是刑法的相关事项，其首长司寇的职责就是"掌邦禁，以佐王刑邦国"。如"以五刑纠万民"，就是用五种刑法来纠察民众；"以圜土聚教罢民"，就是用狱城来囚禁教化那些游惰不善之民等等。

其实中国传统文化中对法的重视并不弱，历来都有关于法治的建设举措。在尧舜时期，文明初创，一切还不够完备，但已命皋陶作法。《尚书》中就记载了舜命皋陶"汝作士，五刑有服"。这里的士就是理官，也就是制定与执行法律的官，而"五刑"指墨、劓、刖、宫、大辟等五种刑法。夏时，正如《左传》之言，"夏有乱政，而作《禹刑》"。据说夏时即有著名的监狱，叫"夏台"，也叫"钧台"，在河南的禹县，也是夏桀囚禁商汤的地方。尧舜禹及夏均与山西关系密切，前面已经有相关介绍。如果是这样的话，也可以说晋地与中国法治的肇始、建设有着非常密切的关系。

商立之后，因夏礼，把原来已经有的法律与夏朝的法律结合起来，制定了《汤刑》，这对周时的法治建设也有很大的影响。尽管不同的时代，法律各有增减变化，但历史上还是有周朝之"刑名从商"的说法。据说周公旦曾作《九刑》九篇，这应该是西周时期成文刑法的总称，基本沿用了商时的五刑制度，再加赎、鞭、扑、流等四种，共九种刑法，是当时的法律文书，亦可视为礼的一部分。到周穆王时，曾命吕侯为相，制定刑法，被称为"吕刑"，收入《尚书》中的《周书》。这应该是中国远古时期一部比较完备的成文法，亦可视为法律制度较为成熟时期的著作。总而言之，无论谁来制定法律，法都是礼的一部分，而礼本身也具有法的含义。

前面已经介绍了晋国在维护周王室地位中发挥的作用。晋之初封时，其诸侯的爵位为侯，但是在晋武公取代晋之大宗后，晋君谥号均称"公"，这些都应是对周之宗法制的破坏。但这一现象并不仅限于晋国，其他诸侯国亦多如此。可以说晋国也是改变了周之宗法制度的主要国家。这一点特别体现在"曲沃代翼"上，也就是作为庶系的曲沃小宗因为势力强大，逐渐取代了嫡系大宗的地位，成为晋之国君。嫡长子继承制度也不再严格执行，往往有庶子继位的现象。后之晋国诸君汲取教训，重用异姓贵族士卿而废公族，终使卿族势力越来越大，以至于掌握了晋国的军政大权，由韩、赵、魏三氏瓜分晋国，终春秋之世而开战国之争。

由于宗法制被破坏，宗法的约束力下降，礼乐之制的影响力减弱，取而代之的是法制的强化。在这一过程中，晋国多有新法出现，如晋文公作"执秩之法"，后被修改为"赵宣子之法"；晋景公时依周礼制定了"范武子之法"，晋悼公时再改此法，后晋国执政正卿范宣子将刑法从之前的法律中独立出来，单独成《范宣子刑书》。至晋顷公时由赵简子与荀寅将其铸于鼎向社会公布。此举将罪与非罪的标准明确公示，改变了法藏于密室的秘密之法形式，体现了社会的进步。但就周之礼制而言，则是一种变革。晋国法治思想及其在国家治理中的实践对法家学派思想的形成产生了重要影响。

第七节　科学技术的进步与山西

华夏文明不断发展进步，在周时发生了非常重要的演变，这不仅表现在地域、民族等诸多方面的融合统一，也表现在科技文化的不断演进之中。

周时，科技得到了较快的发展，农业生产出现了新的进步，得到了快速发展。周人以农为业，农耕是他们的特长，他们在中国农业发展进程中贡献颇巨。由于实行井田制，农业生产的制度优势表现出来。精耕细作的传统亦逐步形成，对后世产生了极为重要的影响，成为中国农耕文化的一大特点。在耕作方式上，这一时期的人们已经知道如何选择优良品种来增加产量，知道根据气候的变化来调整生产，出现了轮作复种制。在农业耕作技术方面，周时的生产工具发生了重要变化，除早期的陶制、石制工具外，出现了青铜农具。更重要的是出现了铁制农具，并普及开来，如铁犁、铁铧等已经得到了较大范围的使用。牛耕也成为农业生产的重要方式。在山西浑源李峪村出土的牛尊中，牛鼻已有鼻环，说明牛已经成为重要的畜力在农业生产中使用。新的农业生产工具，特别是铁器农具的使用及动物驯化后被用于农耕，使生产力大大提高，亦奠定了中国农业的基本生产方式。

这一时期，大规模的水利工程多有开展。由蜀郡守晋人李冰父子修筑的四川都江堰工程举世瞩目。这一工程变水患为水利，为成都成为天府之国奠定了发展基础，其治水理念、分水效应、工程技术，以及2000多年来一直发挥着重要功能的成就令后人感叹。李冰父子被认为"功配夏后"，就是说其治水之功可以与夏禹相配。此外，还有一些工程在历史上具有重要影响，如晋阳智伯瑶修筑的智伯渠、魏国大将西门豹修建的漳水十二渠、韩国水利工程师郑国在秦修筑的郑国渠等等。有研究者认为，智伯渠是历史上有坝引水灌溉最早的灌渠，它的修筑比都江堰、郑国渠都要早200多年，比漳水十二渠也要早半个多世纪至230多年。该渠位于今太原晋祠一带。公元前455年左右，晋国卿智伯为攻克赵襄子占据的晋阳古城，在今太原悬瓮山晋水源头筑坝断晋水之流，并修渠挖池以蓄晋水，欲水淹晋阳城。虽然水淹晋阳未果，但其所修之渠仍在，成为灌溉附近农田的水利工程。这不仅对当时的社会治理、生产发展有十分重要的作用，亦对后世之引水修渠等工程建设产生了重要影响。

随着农业生产技术的进步，天文历法水平也在提高。山西一带为尧舜禹之中心地区，有着非常坚实的天文学基础，而农业的发展亦促进了天文学的发展。传说商时，箕子曾受命在山西陵川的棋子山上观测天象。周时，晋国大夫卜偃，也就是郭偃，善于通过观测天象来分析预判国家大事。分晋之后韩、赵、魏三国均有专职人员从事天文观测与研究。在闻喜战国墓中出土的瓠瓜壶上刻有星象图。晋人已经知道利用置闰法来调整岁差，人们能够熟练地使用干支纪日法来纪日。战国时期，在魏国出现了一位极为重要的天文学家石申，他在公元前4世纪的时候就已经编制了石氏星表。该星表依据回归年的长度把周天分为365.25度，即太阳每天在天穹中东移一度。这一研究成果开中国周天制之先河，比史书记载的古希腊希帕克等人的要早200年以上。石申还著有《天文》一书，共8卷，被后人称为"石氏星经"。通过这部天文学著作，我们可以知道早在战国时期，人们已经开始采用赤道坐标来记述天体方位，这大大早于欧洲。

与此相应的是周时中国人的宇宙观也非常进步。世界是如何构成的，宇宙是怎样的，一直是人类追求解决的重大问题，甚至是根本性问题，中国的科学家在这方面有很多积极的研究成果。战国时期，魏国有一位十分重要的哲学家、政治家尸子，名尸佼，是山西曲沃人，早年在魏，后随商鞅入秦，为其门客。商鞅非常信任尸佼，"谋事画计，立法理民，未尝不与佼规之也"。商鞅被刑，尸佼逃往蜀国，作《尸子》20篇，其中最具影响的是其关于宇宙形态的研究。他提出了"天地四方曰宇，往古来今曰宙"的观点，为宇宙命名，将时空属性赋予宇宙。尸子的宇宙观具有非常突出的积极性，将唯物辩证的思维方法运用于对宇宙的分析，认为宇宙是变动的、相对的、有限与无限统一的。这一思想在人类宇宙观的建立中意义重大。尸子的思想解决了人类关于宇宙基本概念与规律的问题。另一位极为重要的哲学家兼通道法诸家的赵国人慎到对宇宙的形状、运行规律有非常先进的研究。慎到著有《慎子》42篇，他认为"天体如弹丸，其势斜倚"，天体的形状如同弹丸，是浑圆的，它们在运行中呈现倾斜的状态。这与现代天文学的研究结果是完全一致的。慎到在2300多年前关于宇宙天体的论述，是人类宇宙观的一次巨大飞跃。

与天文学紧密相关的是数学的发展进步。在周时，筹算已经非常成熟，在晋地亦得到了较为普遍的运用。周时周公旦主持规划建造洛邑为成周都城，任用晋国大夫弥牟来具体设计。弥牟的任务是"计丈数，揣高卑，度厚薄"，也就是具体计算出都城建筑配置的高度、长度、厚度等，用于施工。洛邑的建筑不仅设计复杂，而且用物无数、用工数万，材料、人力来源涉及多地，非常复杂。研究者认为，这样的工程计算已非简单的事情，应该是运用了系统运筹计算，代表了当时中国数学的最高水平。

周时建有宗周都城、成周都城，其规模均非寻常。各诸侯国亦修筑国都，城市建设得到了极大的发展。在山西，已经发现的周时都城遗址如晋国新田古城，其规制亦很独特。其宫城由三座古城呈"品"字形构成，并发现有宗庙与社稷，以及手工业作坊区、贵族与平民不同的墓葬区等。与之相邻的禹王城，为魏国都城，由大城、中城、小城与禹王庙组成。这些都反映了周时城市建筑方面的特点。就建筑而言，长城亦为极其重要的遗存，赵长城为中国最早的长城建筑，韩、魏两国亦多有修建。

　　随着铸铜技术的进步，山西的青铜铸造技术独领风骚。在今侯马发现的周时大型铸铜遗址，是为至今世界上发现的最大铸铜遗址，仍然保留有比较完整的铸造工艺流程与可使用的成套模范。在曲沃战国车马坑中，发现了规模化、标准化铸造的车具，显示当时的铸造技术已非常先进。与此同时，考古发掘中铁器工具的出现，证明山西的铸铁技术也很发达，且其他的手工业技术如漆器、酿造技术等都得到了发展。总之，有周一代约800年，其科学技术得到了快速发展，极大地提高了社会生产力水平，这其中山西的贡献亦很突出。

第八节　文化的兴盛与山西

周时也是中华文化发展进步的爆发期、飞跃期，集中出现了许多前所未有的文化现象、文化典籍，使中华文化的基本形态以典籍的形式确定下来。这首先要从文字的进步谈起。

中国文字的形成与中华地域之文化演进密不可分，一般人们认为中国的文字在商时成熟，最具实证意义的是考古发现的殷商甲骨文。这些晚近才被发现的古代文字遗存至今还没有得到全部的破解，一个非常重要的原因就是数量太大，需要相当长的时间才能解读出来。但大致来看，在殷商时期，中国文字已经达到了非常成熟的形态，并被人们在社会生活中运用。但是，人们对中国文字的形成发展也有很多研究，基本认为并不是只有到了殷商时期才突然出现了如此成熟的文字，不论是哪一种文字，均有一个演化成熟的过程，不可能突然之间就如此成熟。在甲骨文之前，中国文字应该有一个逐步发展演化的历史。随着考古研究的不断深入，人们发现了许多具有文字特征的遗存，可以证明中国文字在不断的实践中得到了发展。比较重要的如在距今大约9000年的河南舞阳贾湖遗址中发现的龟甲上的刻画符号已经具备了今天汉字的横、竖、点、撇、捺等笔画特点，一些字符与安阳出土的殷商甲骨文字形一致。这至少可以视为中国文字初期阶段的形态。在西安半坡遗址、山东大汶口遗址中也发现了许多相近的字符。特别是在杭州良渚遗址中，发现了许多类似的字符，其中的相当一部分已被专家解读出来，证明是中国文字最早的形态之一种。比较成熟的文字是在陶寺遗址中发现的扁壶上的朱书文字，一般认为是"文"与"尧"两个组成了语序的文字。经过夏商周三朝的努力，中国文字得到进一步发展，其应用也更为广泛。正是由于文字的进步及使用技术的变化，周时出现了大规模编撰文化典籍的现象。其中的许多著作堪为典范，对中华文化之发展产生了非常深刻的影响。

相对于夏商，周之教育更具系统性、理论性、计划性，当时的学校称为"序"，亦有承商而称之为"庠"者。这些学校设在官府，用今天的话来说就是官办或公办学校，所谓"学在官府"。学习的内容主要包括礼、乐、射、御、书、数六艺。这使文化的传承有了更为稳定系统的国家制度保证，亦使国家有了更多从事文化事务的人员。单纯就文字而言，其使用比之前更为广泛。今天能够看到的比较典型的文字是刻在青铜器皿上的，人们称其为"金文"，亦称"钟鼎文""籀文"，著名的如《毛公鼎》《大盂鼎》《散氏盘》之铭文。此外还有刻在玉石上的文字，如侯马盟书。亦有帛书，是写在丝帛上的文字，如发现于长沙子弹库楚墓的楚帛书。还有是简书，就是书写在竹木简上的文字。仅在长沙就发现了数处竹简遗存。这些不同的文字记载方式反映出在周时，特别是春秋之后，书写工具的丰富性、文字使用的普遍性，以及在不同地区各自有别的发展状况。

山西地区的青铜铸造业一直非常发达，这与山西地区铜矿矿藏丰富，有资源之便有关，如晋南之中条山铜矿一直以来就是中原地区最重要的青铜原料产地。同时，也与山西一直是夏商周之政治经济重地有关。青铜器的使用并不是以实用为主，而是以礼乐为主。晋为大夏之地望、商周之源头、周室之屏护，对礼乐制度更为重视。在青铜器上镌刻铭文，以记载重大历史事件，赞颂王室或贵族等在晋地非常流行。著名的如《晋侯稣钟》铭文，就颂扬了晋侯辅佐周王征伐的历史，计有355字，是目前发现的文字最多的青铜铭文。《栾书缶》为青铜酒器上的铭文，有两组48字，其字体装饰意味突出，采用错金铭文，是将晋国手书体与楚国风格极为相似的书体进行了正体化后书写形成的字体。由此亦可看出，不同地域之字体有别，但仍然显现出趋同综合的态势，亦可发现晋系铭文在自身特点基础上不断创新的追求。

周时盟书也是中国文字形态极为重要的物证。河南曾出土了温县盟书，温县为当时晋国所辖之地。而山西侯马出土的侯马盟书影响更为深远。研究者认为，温县盟书应该是春秋末期晋国世卿韩氏宗主韩简子主持的盟誓活动的记载，大约在公元前5世纪末。而侯马盟书则是基本同期的晋国世卿赵简子赵鞅主持的盟誓活动的记载。通过盟书可以了解到春秋晚期的盟誓制度以及当时的历史状况，更重要的是了解到中国文字的发展轨迹。盟书由多人朱笔书写在玉石片上，其字形古雅、用笔流畅、章法自然，反映了秦统一之前的文字风格，是至今发现的书写于玉石之上最早的毛笔字。

从上面的介绍中可以看出，周时中国文字得到普遍发展，但在不同地域显现出不同的特点，或笔画有别，或风格有异，但总体来说文字的运用甚于之前，这为秦统一中国文字奠定了厚实的基础。同时，也正因为文字自身的发展及运用的普及，促进了周之文化与艺术的飞跃。

周时，绘画雕刻艺术得到了普遍发展，最主要的特征是它们对手工制品的依附，大部分作品都是刻画在手工制品之上的，如漆画、帛画，以及玉雕、青铜雕刻等。由于时间的关系，今天我们已经不太可能看到更多的相关作品，但仍然有少数作品在考古中被发现。如楚帛书，除了大约900个文字外，在其四周还绘有12幅图像，所绘为12位神灵，人兽合体，或坐或卧，或行或跃，栩栩如生，四角还配有植物枝叶图案，繁枝摇曳，婆娑有致，其内容包括四时、天象、创世等，总体上朴拙天真，是极具想象力的浪漫主义杰作。

今天我们能够看到的属于周时的艺术作品，最集中也最典型的是青铜器之雕刻。商周为青铜器最鼎盛的时期，但商周两朝的青铜器也有许多区别，特别是在其装饰、雕刻、造型等方面多有不同。殷商青铜器主要是王权与等级的象征，且商人多信鬼神，其造型往往多用兽，恐怖神秘。至周，更多地用人来代替兽，动物图案亦表现出灵动跳跃之态，装饰图案从抽象向具体转变，工艺更加精致，实用器具逐步增加。从艺术的角度来看，晋系青铜器影响广泛，特别是东周时期，晋系青铜器无论从铸造工艺，还是器型设计、艺术风格，均堪称典范。其最突出的特点是各类神话动物一改殷商时期的神秘，显现出有血有肉的生气，尤以群龙群凤飞腾翱翔、纠结环绕为其典型的艺术造型。多体式饕餮吞噬造型为晋系青铜器独有。被称为鸟兽尊的动物纹形铜尊多为晋制，其人物造型亦栩栩如生，如刖人守囿车，人物形象极其生动，动物造型极具想象力，更重要的是其整体造型与机械设计具有极为高超的技术水准。凡此种种，均证明晋地青铜制造技艺的发达，是中国青铜器的典型代表。在侯马发现的晋国青铜铸造遗址向我们展示了春秋时期中国青铜铸造工艺的基本面貌，其中有当时青铜铸造使用的住址、窖穴、水井、道路、陶窑、熔炉等，仅陶范就有5万多件，可辨认者达1000余件，能够组合配套复原的至少有100多套。

周时的艺术创作还有许多用于礼乐的音乐舞蹈作品，王朝设有大司乐，专掌音乐教育。《周礼》中明确规定："以乐德教国子中、和、祗、庸、孝、友，以乐语教国子兴、道、讽、诵、言、语，以乐舞教国子舞《云门》《大卷》《大咸》《大韶》《大夏》《大濩》《大武》。"其中所言之《云门》《大卷》是黄帝之舞，《大咸》是唐尧之舞，《大韶》是虞舜之舞，《大夏》是夏禹之舞，《大濩》是商汤之舞，《大武》是周武王之舞，均为周时所存历代流传而来的舞乐。从以上的介绍来看，这些乐舞的形成，与山西之关系极大。

至少在周时，音乐、舞蹈与诗歌往往是一体的，所谓歌而咏、咏而舞，这也使音乐、舞蹈、诗歌得到了极其生动的发展。虽然今天已经难以一睹当时乐舞的风采，但还存有《诗经》等著作记录了周时的诗歌。除《诗经》之外，楚之屈原《离骚》《天问》《九歌》等成为"骚体"之诗的代表作，涌现出宋玉等著名的诗人。而与山西有关的是《诗经》。

《诗经》是我国第一部诗歌总集，包括《风》《雅》《颂》三部分，对后世产生了极为重大的影响。《风》是当时各诸侯国流传的民间诗歌；《雅》是在宫廷中演出的诗歌，所谓正乐；《颂》是对周王室以及周朝历史进行赞颂的诗歌。就其历史学价值而言，《雅》《颂》多有记载。就其对社会生活的反映而言，三者各有侧重。其中《风》更重民间情状，《雅》《颂》多宫廷大事。但就其艺术的生动、情感的鲜活来看，尤以十五国风为最。而这其中的《唐风》《魏风》均为三晋地区的作品。这些作品来自民间，典型地体现了中国古典诗歌赋、比、兴手法的运用，其内容多表现唐魏之自然风光、生产生活、男女情爱，以及普通民众对社会不公的揭示、对美好生活的向往，是古典诗歌的经典之作。

社会管理体系的进一步完善，生产力的进一步发展，使周之政治、经济、文化得到了较大进步。从上面的介绍中可以看到，这一时期，人们的书写工具得到发展，不仅可以在青铜器、竹木简、玉石上面铸造、雕刻，也可以用毛笔在玉石、竹木简与丝帛上书写。工具的改善使文字记录比过去更为便捷、更为普遍，书写的内容更为丰富，这大大促进了文化的发展，使得出现了非常多的文化典籍。这与商时的甲骨文、金文相比，有了很大的不同。

与书写工具的发展相应，关于文字词语的研究著作也在这一时期出现。成书于战国期间的《尔雅》就是一部非常独特非常重要的辞书典籍。这部著作汇总解释了先秦古籍中许多词、义，收集了4300多个词条，共20篇，存19篇，是中国最早的一部辞书。其按义分类的体例与多种释词的方法，对后世产生了重要影响。

这一时期出现了许多关于国家治理的工具性典籍，反映了周时国家治理的基本状况，其中最具影响的是《周礼》。一般来说，人们认为《周礼》是西周时期周公旦所撰。但也有人认为这是战国时期的著作。《周礼》记录了周之政治制度、设官分职、礼乐规范等，也包含了文化、艺术、教育、经济、军事、科技等内容，系统地显现出周时的政治思想体系与社会管理体系，以及周时制度建设的完备形态。

另一部极为重要的著作是《礼记》，据传为孔子的七十二弟子及其学生所作，其内容涉及周时社会制度与社会生活的方方面面，内容庞杂，据记载共有200余篇。东汉时，由戴德编选，收85篇，被称为"大戴礼记"。后其侄戴圣编选49篇，人称"小戴礼记"，通行于世。现在能看到的主要是戴圣所编之《礼记》。

周时有关礼乐制度的另一部重要著作是《仪礼》。其作者有传说是周公旦，但《史记》《汉书》则认为是孔子记录整理。大约此书形成于东周时期。但其中所记各种礼仪形式在很早就已经出现了，包括冠、婚、丧、祭、乡、射、朝、娉等，是一部详细的周之礼仪制度章程，共有17篇。

以上三部著作虽然出现在周之不同时期，但其核心都是礼。可以说，这几部著作反映了周之礼制，是其礼乐制度的基本规范，对后世影响非常大。周时另一个十分重要的文化贡献是中国史传传统的确立。这一时期是人类历史上最早最为集中地涌现出历史学著作的时期，出现了许多十分重要的历史著作，如《尚书》《春秋》《左传》《国语》《战国策》等。这一批史学著作是我国历史上最早系统记录某一时期历史的专著，为后人了解中华历史之沿革奠定了基础，对中华文化重史志之品格有开创与奠基作用。今天我们还能够知道远古时期中华先人的行迹，并由此而追寻民族的历史演变，这些著作功不可没。这也为中华文化的发展进步，以及确立我们民族的文化自信打下了坚实的基础。

传为孔子所编的《尚书》是我国古代第一部上古历史文件与追述古代事迹著作的汇编，也是现存最早的古代典籍之一。自汉以来，《尚书》一直被视为是古代政治哲学经典，产生了重要影响。《尚书》的流传情况十分复杂。今人在清华简中发现了2000多年前的《尚书》原文。尽管还没有全部解读，但仍为我们提供了了解《尚书》原初面貌的可能。其主要内容是选择汇集了上古时期从尧舜至春秋秦穆公时期的各种重要文献100篇，具体分为《虞书》《夏书》《商书》

《周书》，很多与山西有关。《尚书》的第一篇即为《尧典》。此外还有《大禹谟》《皋陶谟》《禹贡》等。在清华简中还发现了《傅说之命》，可见其内容与山西关系极大。

周时另一部极为重要的史学著作是《春秋》。其最初的作者现已难考，传说是鲁国的史官把当时各诸侯国的重大事项按照年、季、月、日记录下来，因为一年可分为春、夏、秋、冬四季，所以称此书为"春秋"。后来孔子对《春秋》进行了修订，使其成为儒家经典之一。大致来看，《春秋》记录了鲁隐公元年（前722）至鲁哀公十四年（前481），共242年之间的大事件。这一时期也就是后来人们所说的东周春秋时代。这部极为重要的历史著作虽然是以鲁国为主，但涉及周王室与春秋时期各诸侯国，其内容亦多与晋国有关。这主要是因为当时晋国在各诸侯国中的地位极为关键，不仅受周王室看重，且其经济社会发展较快、实力较强，是春秋五霸之一。春秋时期一个极为重要的现象就是晋楚争霸及晋所主持的诸侯会盟。晋国也是各诸侯国中改革新变周制最早、最突出的，这在《春秋》中都有记载。同时，春秋时期的完结一般以晋国为韩、赵、魏所分为标志，亦由此拉开了战国时代的大幕。韩、赵、魏三世卿之间，以及他们与其他士卿之间，与晋公室之间的关系亦是春秋时期非常重要的内容。

周时另一部重要的历史著作是春秋末期的鲁国史官左丘明所著的《左传》。这部著作以《春秋》为本而更详备具体，以春秋时期诸多具体的史实来说明《春秋》的纲目，以鲁国十二公的顺序来记录当时各方面的历史，包括周王室的衰微、各诸侯国之间的关系，以及他们争霸夺地的历史，也记录了当时的典章制度、天文地理、历法时令、道德观念等。其中自然也有对鲁国与晋国之间的关系、晋国在当时的有关情况的记录。《左传》代表了先秦史学的最高成就，其叙事完备的编年体体例对之后确立编年体史书的地位产生了巨大影响。《左传》是一部由个人独立撰写的历史学著作，显现出周时学者非凡的创造力及对历史的把握高度。《左传》也是在历史著作中体现出鲜明社会理想与哲学思想的著作，对中国史学品格的形成产生了重要影响。《左传》也具有极为鲜明的文学特色，是一部非常优秀的历史散文著作。人们认为这部著作是继《尚书》《春秋》之后，开《史记》《汉书》之先河的经典之作。它亦被称为"春秋左传"，与《春秋穀梁传》《春秋公羊传》并称。

相传周时由左丘明所撰的另一部非常重要的历史著作是《国语》。该书所记历史从周穆王十二年即公元前990年起，至晋卿智伯为韩赵所灭，就是公元前453年，约500年间的历史。其体例以国分类，是我国最早的一部国别史史书。《国语》共记录了周、鲁、齐、晋、郑、楚、吴、越八国之事，所记偏重历史人物的言论，多为各国重要人物所言之语。全书计21卷，其中《周语》3卷，《鲁语》《楚语》《越语》各2卷，《齐语》《郑语》《吴语》各1卷，独《晋语》有9卷，所以也有人把《国语》称为"晋语"。

还有一部历史学著作《战国策》也非常重要。这部著作的基本资料肯定为周时之人所作，但也并不是一人所作，而是多人作品的汇集修编。在秦统一六国之后，由刘向整理，删去了其中明显荒诞的内容，按照国别来编排确定体例。所收主要为战国时期纵横家的政治主张与治国兼并之策，是为《战国策》，也被称为"国策"。其记录的时间为晋卿智伯灭晋卿范氏，也就是公元前490年，至高渐离以筑击秦始皇，即公元前221年。大致上接续了春秋，延续至秦统一六国。其体例亦以国为别，计有西周、东周、秦、齐、楚、赵、魏、韩、燕、宋、卫、中山共12部分。其所记并不注重完整的历史脉络，而是摘取其中一事为一篇，各篇互不连贯，共计33卷497篇。其中与晋有关的赵策4卷、魏策4卷、韩策3卷，共11卷，占全书的三分之一。《战国策》具有非常突出的文学性，人物性格生动，语言鲜活，比喻、说理、论事非常有力，也是不可多得的历史散文著作。

从上面的介绍中可以看到，周时中国出现了一个非常重要的文化兴盛期，典籍著撰成果颇丰，且影响重大，在塑造中华文化精神、增强文化认同过程中居功至伟。这其中多有对山西的描述，有些典籍甚至以山西地区的史事为主。今天我们在这里谈这个问题，并不是要说我的祖上阔多了，而是要认识到在中国历史的发展进程中，山西地区发挥着十分重要甚至非常关键的作用。

第九节　轴心时代的形成与山西

周时经济社会的发展、文化的昌盛表现在各个方面。时人对宇宙自然与社会人生的探讨亦显现出空前的活跃，在宇宙观、世界观、人生观，以及观察世界、认识社会的方法论等诸多方面收获颇丰，取得了十分重要的成果。这一时期，贤杰辈出，百花齐放，是一个精神世界活跃、思想活力绽放、各种观点并存，百家争鸣、各美其美的时代。著名的德国哲学家雅斯贝尔斯在其《历史的起源与目标》一书中从人类发展的整体进程中分析，第一次把公元前500年前后同时出现在中国、欧洲、印度等地的人类文化现象之突破称为"轴心时代"。他认为在公元前800年至公元前200年，世界各地均出现了一批先贤，如古希腊的苏格拉底、以色列的先知、古印度的释迦牟尼以及古代中国的孔子等。他们在不同的文化背景中创立了各自的思想体系，并提出了诸多理论范畴与思想原则，塑造了不同的文化传统，一直影响着今天人们的思想、生活。轴心时代是一个人类跨越突破的伟大时代，也是一个重新构建、确立人的精神世界的时代。这一时期，中国出现了诸子争鸣、百家共存的非凡现象，在中国古典哲学、思想体系等诸多方面均出现了许多十分重要的人物与成果。

首先我们要提到的是在中国历史上产生深刻影响的重要著作《易经》。这是一部阐述天地万物变化的古代经典，是中国思想体系、方法论形成的基础性著作，也是一部博大精深的辩证法哲学典籍，更是诸经之首、大道之源，是中华优秀传统文化的总纲。《易经》包括《连山易》《归藏易》《周易》三部。但前两部已佚，只有《周易》今存。今天我们所说的《周易》又有《经》与《传》两部分。其中的《经》主要是卦爻及其说明，据说是周文王所作。其中的《传》是对这些卦辞与爻辞的解释论述，共10篇，被统称为"十翼"，传为孔子所著。《易经》是中华文化集大成的奠基性著作，之后各学术流派多源出于此。影响深远的道家在方法论、宇宙观、世界观等方面均承其绪。而儒家也奉《易经》为儒门圣典，有"儒门易"之说。

道家是中国古代思想文化中极具重要性的流派。在春秋时期，老子集古圣先贤之智慧，系统地总结了他们的思想精华，著《老子》，亦称"道德经"。这标志着道家思想体系的确立，其思想以道为基本概念来解释宇宙自然、人类万物的运行与存在，崇尚自然，道法自然，不争无为，辩证统一。道家代表人物主要有老子、庄子、列子及杨朱等。人们认为老子之思想与黄帝之思想一脉相承，常以"黄老"并称来指道家。尧、舜均在其治国理政思想中表现出明显的以德服人、顺应自然、不治而治的特点。《击壤歌》中写有"日出而作，日入而息。凿井而饮，耕田而食。帝力与我何有哉"，前四句描绘的是当时人们按照自然运行规律进行生产生活的状态，最后一句是民众对帝尧的感慨赞叹，大概意思是伟大的尧帝对我们用不着费什么力来治理，我们就会顺应自然生活休养。也就是说帝尧把社会治理得很好，一切顺应自然运行规则，所以他用不着劳神费力地管理事务。这其中典型地表现出道家的基本思想。在三晋地区也出现了被视为道家的重要人物，其中的杨朱影响很大。杨朱，魏国人，又名杨生、阳子居，其作不详，散见于各典籍，主要观点是贵己、为我、轻物重生，是中国最早主张个人主义的学术思想，产生了重要影响，形成道家学派之一的杨朱学派。前面介绍的尸佼亦被视为道家之士，但他并不是单一的道家，还表现出明显的杂家等思想。又如慎到，早年学习黄老道德之术，后来成为法家的重要代表人物之一。

在中国历史上产生极为重要影响的是儒家，这一学派对中国社会的发展、精神品格的塑造、文化学术的影响极为深刻，其创始人是孔子。孔子生活在春秋列国争霸、周室衰微的时代，他感时忧世、讲学著述，希望能拯救国运，重建社会秩序。儒家学说的核心价值是仁，强调个人修养与国家治理的礼、德、诚、信等。在教育方面，孔子首先打破了学在官府的传统形态，举办私人学堂，让普通民众也有机会读书学艺，使文化教育能够普及全体民众，特别是使儒家思想内化为普遍的民族心理基础。他还花费大量精力来整理典籍，对中华文化的传承保护做出了重大贡献。在思想领域，孔子儒学思想基础最突出的是"祖述尧舜，宪章文武"，非常重视传承尧舜的思想，并以周文王、周武王之时代为治国的理想模式。孔子最具影响的著作是《论语》。孔子的学生卜子夏亦对儒学的发展贡献颇大。子夏，姓卜，名商，字子夏，晋国温人，为"孔门十哲"之一。孔子去世后，子夏受魏文侯之邀至西河讲学。当时在鲁国，兴盛的是"儒墨之学"，基本上属于民间学派；在魏国有"西河之学"，被认为是官方学派。在齐国则有"稷下学派"，介于二者之间。这是战国时期最重要的三大学派。而"西河之学"的创始人就是子夏。据说他的学生很多，做官最大的是魏文侯，以魏之国君求学于子夏，支持子夏在西河讲学。此外还有段干木、李悝、吴起等，学用两通，都是当时的重要人物。子夏继承了孔子的学说，但强调经世致用，不能为学而学，要通过自己的学习来影响改造社会，提出了"仕而优则学，学而优则仕"的观点，对后世影响极大。子夏肇始的"西河之学"，以儒为道、以法为术，培养出一批法家的重要人物如李悝等，显现出晋地学风学用统一、别具一格的特点。儒家另一位代表性人物荀子在继承儒家思想的同时兼收道、法、名诸家精华，成为战国时期汇集各家思想的重要人物。荀子为赵国人，名况，字卿，曾三次出任齐国稷下学官的祭酒，可以说是稷下之学的重要代表，著有《荀子》32篇。其说以孔子之论为基础，形成了"天人之分"的自然观、"化性起伪"的道德观、"礼仪之治"的社会历史观，"性恶论"的人性观，以及"以礼为则""以仁为用"的方法论与"天下一统"的社会理想。

正是在诸如子夏、荀子等人的努力下，另一种适应于战国时期社会发展需要的思想学派法家出现了。法家的形成与春秋战国时期礼乐崩坏，人们寻求新的社会治理秩序的努力有非常紧密的关系。在礼治式微的同时，法治受到了人们的重视。早期寻求变革的一些代表人物主要是子夏的学生，他们不仅在学业上精进，且多在各地为官，能够把学习的收获运用到实践之中。如李悝、吴起、段干木、田子方、申不害、慎到、翟璜、西门豹、公叔痤等，皆为法家之显要。尽管他们在历史上产生了重要影响，但还少从理论上进行总结。荀子应该是由儒入法的标志性人物，但总的来看仍然属于儒家。真正对法家思想进行系统总结的是韩国公子韩非。韩非与李斯同学于荀子之帝王之术，喜刑名法术之学，宗道家、法家，著有《韩非子》55篇，提出统治者需用法、术、势来治理国家，主张改革变法，强调"以法为教""法不阿贵"，提出加强中央集权等理论，反映了新兴社会阶层的利益需求，为结束诸侯割据、建立大一统的中央集权国家提供了理论基础。

　　春秋战国，思想解放，百家争鸣。所谓百家，还有墨家、兵家、名家、纵横家、农家、杂家、小说家等等。凡此各家，多有三晋才俊、贤杰人士出入往来，影响颇大。大约有三种情况：一种是本为晋人，或三晋之人，他们也可能但不一定一直在晋地，如子夏、荀子、韩非子、尸子及魏文侯等；一种是虽非晋人，但受学于晋人，如子夏的学生，再如李斯，曾受学于荀子等；第三种是虽然不是晋地之人，但曾在晋或三晋做事，如商鞅，本为卫公子，先入魏，后入秦，其变法被认为是用魏法变秦法，其新法多用魏法。

在诸子百家中，纵横家合纵连横，兼六国相，可谓非凡。《史记》有"三晋多权变之士，夫言从衡强秦者大抵皆三晋之人也"之说。纵横家最主要的代表人物或为晋人，或与晋关系密切，其创始人为鬼谷子，名王诩，是一位百科全书式的人物，有《鬼谷子》等存世。传说他曾在吕梁山一带讲学，学生中最重要的有张仪、苏秦、孙膑、庞涓。纵横家中如公孙衍，魏国人；张仪，魏国人；苏秦，虽为东周洛邑之人，但曾游赵、韩、魏三国。与纵横家关系密切的是兵家，其代表人物如乐羊，中山国人，曾为魏国大将；尉缭，魏国人，著有《尉缭子》；吴起，卫国人，就学于子夏，曾游魏国，后入楚，著有《吴子》，他与另一位兵家代表人物孙膑齐名。孙膑，卫公子惠孙之后，曾游魏国，被同窗庞涓陷害，后在齐国做官，著有《孙子》。以上二作被合称"孙吴兵法"，是中国古代军事典籍中最具影响力的著作。百家之中的名家影响也非常大，是中国古典逻辑思想的重要体现者，与欧洲、印度之逻辑学共同构成世界三大逻辑体系。名家主要代表人物亦多与三晋有关，甚至有人认为名辩之根在三晋。这主要是因为其出现与法家思想的兴盛关系密切，人称名家为"讼者""辩者""刑名家"等。其中的惠施，宋国人，曾为魏惠王之相，为魏国制定法律，其观点围绕"物之意"进行辩论。公孙龙，赵国人，以"正名实"辩"白马非马"等。桓团，又名韩檀，一说为赵国人，与公孙龙均为赵国平原君之门客。

由于诸子所学多从前贤，可能出于同门，其间他们的思想亦多有发展变化，不同时期侧重点各异，所以很多人可能被视为多家学说的代表人物。如公孙龙，既为名家之代表人物，又被视为墨家之重要人物。而名家与法家亦多相近，或两家均兼。这是当时诸子百家中存在的一个复杂现象。从上面的介绍中也可以看到，三晋学术有非常明显的特点：一是强调学用结合，不强调为学而学；二是强调推陈出新，往往在传统学术中发展出新的思想；三是强调博采众长，其学术思想不一定遵循严格的界限，而是综合多样，包容异象，才显现出勃勃生机。诸子百家的思想是适应特定历史时期社会变革要求形成的文化成果，是人类的宝贵精神财富，奠定了中华文化的基本价值体系，规范并影响了中华文化的发展进步。

第十节　文明的演进与中华文明品格的确立

通过以上的分析，我们发现，华夏文明在周时发生了极为重要的转化，概而言之，有以下几个方面。

一是周所控制统领的地域发生了变化。与前所述之夏商不同，其地域已经覆盖了以中原为主体的绝大部分农耕地区，并与高原、沙漠、草原、绿洲等地带发生了比较紧密的联系，其地域覆盖几乎与之后的中国地域接近。周之始祖为后稷，周是长于农耕之族，其所控制的地域也主要是宜耕地带。这使中华民族以农耕为主的生产方式得到了确立，并由此形成了自己独特的文化。

二是这些地区的社会治理方式也发生了极为重要的变化，这就是通过分封建立了周王室与各诸侯之间新的行政权力关系。这种关系不再是以文化影响为主的协和关系，而是以分封为主的政治关系。周王室可以依照自己的意愿对不同的地域进行分封，使其成为诸侯国，亦可根据需要废除其分封。诸侯国在具体的国家治理方面有一定的独立性，但最根本的是要对周王室负责。其权力关系发生了改变，王室的控制力由协和式的弱控制向分封式的强控制转化。

三是人民的构成发生了极为重要的变化，华夏族群成为主体族群，融合了各地之夷、狄、戎、蛮，使之同化为华夏。这种同化融合成为中华民族不断发展壮大的中华模式，伴随着中华民族的发展进步。更重要的是，其文化也发生了变化，由华夏族群创造的以农耕为主的文化成为主体文化，具有正统地位，而其他族群的文化在融入华夏之后，为华夏文化提供了新鲜血液，焕发出新的活力。

更主要的是，在周时，中华之基本价值体系以文字的形式得到确立。一种价值体系的形成确立有一个逐渐演化的过程，应该说，在周之前，其文化特征已经在不断的实践中形成，但还不够系统、完备，亦主要体现在人的行为方面还没有形成制度性的文字规范。在周时，这种形态发生了根本性变化。这种变化一是进一步完备，二是成为文字性形态，使之更为明确，更便于传播、实施、继承。这是一个具有根本性意义的变化。

这一时期，华夏不再是局限于华夏地区的华夏，而是拥有了更为广阔的地域、更加众多的人民，已经从地域与族群构成上大大突破了的华夏。但是，这种突破并不是对华夏的否定，反而是在更高层面的肯定，形成了一个既保留华夏基本文化体系，又超越华夏的更具生命力与创造活力的文化形态。这一极为重要的演进，形成了以华夏文明为主体的，兼容其他文化，并融为一体的伟大的中华文明，具有极为重要的历史意义与文化意义。

在讨论了华夏文明向中华文明的演进之后，也需要讨论一下以华夏文明为主体的中华文明有什么样的品格，其主要特点是什么。

探讨这个问题，我们需要认识到，一种文明的形成绝不是一蹴而就的，是经过了漫长历程的。人们在不断的实践探索中逐步深化了对自身与自然规律的认知，形成了自己的价值体系。比如关于宇宙自然与人的基本规律，以及它们之间的关系，中华文明中最重要的认知成果是《易经》。据传说，伏羲氏推八卦，周文王演《周易》，孔子及其弟子著《易传》，才形成了流传至今的《易经》。就《易经》而言，尽管在不同的时期已经有了阶段性成果，但其最终成果是在经历了七八千年的时间之后才完成的。由此一端即可见，中华文明的形成是中华民族在漫长的历史中不断实践、不断完善的结晶，特别是经过炎黄族群的融合、尧舜禹三代的努力，经夏商而至周时才终于蔚为大观。周时，以华夏族群为主体的中华民族活动的地域更为广大，族群的融合更为普遍，形成的制度更为系统，文化之价值体系基本确立，由中华民族创造的文明以新的姿态闪烁着耀眼的光芒，照亮了人们前行的道路，其最主要的品格可以大致归结为以下几个方面。

首先，中华文明是一种以道为基点、以人为本位的文明。以道为基点，就是说思考一切问题，要从道出发。什么是道？道就是宇宙万物按照自身要求形成与运行的法则。正是这种法则决定了宇宙的形成、万物的存在，包括人的形成及其存在。这些现象均不是某种超自然的神秘力量决定的，而是按照它们自身的要求作用的。具体而言，各种物质以自己的方式存在运动，并协调和合，形成了一个被称为宇宙的统一体。在这种存在与运动中产生了相应的效应，又对自身与其他存在产生影响。如水汽升腾聚集，是一种自运动，但在一定的条件下就会下雨，而下雨又对大气产生影响，对地球上人的生活产生影响。形成这样的运动状态，是按照水汽的规律进行的，并不是由于某种超越水汽的外在力量决定的。这种存在运动的法则、规律、必然性就是道。道并不会被宇宙规定，也不会被超越宇宙的更高级的力量决定，比如不会被神决定。道是一种自在的存在，就是说，道是自己存在的，有宇宙万物，就会有宇宙万物存在的道。道既不创造世界，也不创造自己，更不决定什么。道是体现了宇宙自然存在运行的自然而然的现象。它看不见，也摸不着，但宇宙万物却在自己的运行中体现了道。

所谓天道，就是宇宙自然存在运行的规律性法则的体现。所谓人道，是人类存在运动的规律性体现。但是，人并不是独立的、绝对的，而是宇宙万物之一种，所以人也必须遵循天道，才能体现人道。比如，大自然有四季之转换，这是天道。神农氏尝百草是在寻找可供人食用的植物，以满足人需要进食才能生存的人道。同时，神农氏不断研究实践，以寻找适宜耕种某种植物的时机、方法，这是中华先祖探求人道适应于天道的努力。尧建观象台，命羲和氏往四方观天象，也是如此，因为人也要根据四季转换来安排自己的行为，如果不是这样，就违背了天道，会受到天的惩罚。所以中华文明体现出来的是在思考问题、解决问题时，首先要从道出发。但是从道出发并不是为道而道，而是要使人能够更好地遵循天道、体现人道，按照道所体现出来的规律性决定人的行为。人是这一切的目的、根本，这就是人道。所以，中华文明既不割裂天道与人道的关系，又肯定其间的差异，强调解决问题的出发点与目的性，使二者很好地统一起来。

其次，中华文明是一种强调事物之间相互联系作用的充满辩证智慧的文明。任何一种事物都不是简单孤立地存在，而是相互联系、相互作用、相互转化的。人的思维方式已不再是简单的单向思维，而是具有整体性、综合性、系统性的思维，是一种关于天、地、人、物相互关联的有机综合形态。这种在事物的相互联系作用中观察思考问题的方法是体现事物存在的整体性、联系性的更高级的方法，它看到了事物相互联系作用之后产生的变化，以及人所应该采取的应对之策。

再次，中华文明是一种洋溢着开放品格与包容精神的文明，它不排斥其他文化，能够以正常的、客观的心态来对待异质文化，使其能够相对平和地与自身文化接触、融合。由于包容，它对其他文化不采取极端的态度，而是以一种尊重、审慎的态度来容纳其他文化。这使中华文明能够接受吸纳自己所没有的文化因子，并转化为自身发展进步的动力。这种品格与其文化的形成状态有很大的关系。华夏族群本身就是炎帝部族、黄帝部族的大融合，在这样的融合中，相互承认吸纳，终于转化为华夏族群及其文化。黄帝并没有因为取代了炎帝之位就把其部族全部屠灭，而是与之很好地融合起来。即使蚩尤进行了激烈的反抗，黄帝部族在战争中杀死了蚩尤，也没有把他的部族全部杀掉，他们或留在原地，或迁移至南部地区，或被安排至东部地区开疆辟土、耕作生产，终于成为华夏部族的重要组成部分。标志着华夏文明形成的陶寺文化汇聚融合了包括红山文化、良渚文化、北方河套地区文化等不同的文化因素。周克商，殷商遗民或被迁往周之旧地，或被安排至陈宋一带，继续其政教风俗，逐渐转化认同了周之礼乐制度。正因为这种开放包容的品格，能够不断地汲取其他文化中于我有益的成分，使自身文化不断地生成新变，从而使中华文明一直保持了创新、创造、转化、发展的生命活力。

第四，中华文明是一种坚守中道不走极端的文明。"中"这个概念在中华文化中具有非常特殊的意义，并不仅仅表现在度量衡中所谓的中位。从其最原初的含义来看，"中"是通达天地之人的所在，也就是人要找到能够沟通天地人的大地之点，这个点被人们称为"地中"。地中一般在都城某一符合特定要求的方位，如考古发现的最早的地中在尧都陶寺之观象台的观测点。考古学家根据古籍之记载，如《周髀算经》中的描述，转换成陶寺尺的长度，测算出当时的地中与陶寺观象台的观测点是一致的。这一地中正是陶寺时期人们沟通天地人的大地中心。这样的具有神圣意义的"中"预示了陶寺时期尧舜政权的合理性、正统性。亦因此，中华文化中把"中"视为非常重要神圣的范畴、概念。在处理各种问题，特别是举办国家大事时，要考虑相关事物的方方面面，找到能够代表不同利益的结合点，这个结合点就是中。我们亦可以简单地把"中"理解为宜，或者适宜、合适等。这种思想就是我们通常说的中庸之道。庸，用也。如果找到能够代表各方利益的结合点，就体现了中庸的法则、规律、道。在中华文化中，此与彼、黑与白、是与非、对与错都不是绝对的，而是视具体条件的变化决定的。在肯定与否定之间有事物转化的过渡地带。不走极端，固守中道，考虑不同处境、不同利益的诉求，才能够更好地体现事物发展变化的主要趋势，抓住最核心最本质的问题，带动影响更多的方面。

第五，中华文明是一种极富想象力与重视内心体验之审美理想的文明。人类审美实践的前提是要创造出美——美的境界、美的生活与具备美感的艺术。而美的形成主要不是得到物质利益，而是一种符合价值需求的内心感受。中华文化尊重人的权利、利益，更强调人们心灵世界的满足，而不是对物质利益的获取。这种满足对自然不形成伤害，不需要向自然索取更多的资源，即这种满足感是人的内心世界体验到的，而不是在现实世界获取的。如我们看到田野里绿草如茵、庄稼茂盛，感到非常美，我们的内心进入了一种审美活动。这种美并不是在对自然的索取中形成的，不需要改变自然的归属，而是大自然自然而然地呈现出来的。正是这种对审美理想的追求，不自觉地促使人们把美的创造与美的满足延伸至生活的各个领域——劳动、生产、日常生活、言行举止、人际交往等等。饮食是最世俗的行为，但中华文化讲究色、香、味、形俱全。饮水是满足人生理需求的行为，但在中华文化中会延伸出曲觞流水的诗意情趣与茶道静思的艺术境界等等。审美成为人们的社会理想，人们希望社会形态和谐协调、有序而充满活力，强调协和万邦、自然而然、无为而治。审美境界也成为人生境界的最高要求，如孔子曾感慨"吾与点也"。这是因为曾点所言之人生理想是在暮春时节与好友在沂水中沐浴，在舞雩台上吹风，然后唱着歌回家。这种人生理想完全是艺术的、审美的，是抛除了实利功用的。

第六，中华文明是一种自强不息、厚德载物的文明。孔子在《易传》的《象传》中言"天行健，君子以自强不息。地势坤，君子以厚德载物"，就是说宇宙自然的运行守道遵法，显现出强劲有力不休不止的态势，那么，君子之人，也就是那些道德高尚有担当有使命追求的人，要自我奋发，不断强大自己，并以此作为自己一生的追求；大地的存在与运行能够涵养包容万物，那么，君子之人就要使自己的德性更加饱满丰厚，以承载涵育万事万物，使之能够受到道泽德润。在中华文明形成的历史进程中，有很多这样的君子，如神农炎帝为了百姓能够有充足的食物，亲尝百草，误食有毒之物而亡；女娲为了百姓，化身精卫鸟仍坚持填海；大禹为了治水，三过家门而不入；愚公为了开通出山之路，祖祖辈辈挖山不止等等。周人在漫长的迁徙中，不断寻找适宜自己的生存之地，在周原建立家园、卧薪尝胆、自强于周，终于克商而变。这些神话传说与历史记载均极为鲜明地表现出中华民族自强不息、厚德载物的精神品格与文化特征。

我们注意到，讨论自强不息、厚德载物，有这样几个关键点：一是讨论的前提是天、地、人之间的关系，并不是仅仅谈人，三者的统一协调是中华文化思维方式的关键；二是强调自强，强调人自身的进取精神，而不是把希望寄托在其他事物如神的身上；三是自强不等于蛮力，而是包含了道之正、德之厚，守道有德才是真正的自强；四是自强的目的不是为了自身获取利益，而是为了载物，要对自然存在之物，包括人与社会，承担人所应负的责任；五是确立了君子的人格形态，以区别于没有理想与社会责任的一般的人，使人的精神品格有了升华的方向，从而激发出社会的活力、生命力。

以上只是择其要者来进行讨论，特别是突出了其他文明形态中没有或不明显的几个方面，由此可以进一步了解中华文明生生不息、不断进步、不断壮大的原因所在。

第六章

山西地区对中华文明的贡献

第一节　华夏文明的直根

前面从中华的视野简要地梳理了山西地区的地理文化条件，以及在此基础之上孕育形成的华夏文明，特别讨论了华夏文明向中华文明的嬗变。这使我们对华夏文明的形成、中华文明的出现与山西的关系有了一个基本的了解。那么，在中华文明的形成发展进程中，山西有什么贡献呢？下面就谈谈这个问题。

我们说，山西是华夏文明的直根。什么是直根？一棵树的生长要有根系，在众多的根中必然有一个是最重要的，直接影响树的生长与品格，这就是直根。树如果只有侧根，就长不好，甚至长不成。从植物学的角度来看，直根系植物有明显的主根，直根就是其中比较发达的粗而长的主根。由此来比喻讨论文明发展的形态，我们就知道，华夏文明的形成进程中有很多根，其中有一些属于主根，而在这些主根中，有一支显现出强壮的活力，且延续时间比较长，这就是华夏文明的直根。那么，华夏文明的直根在什么地方？就在山西。

著名的考古学家苏秉琦先生认为，山西是华夏文明的直根系，这一观点产生了非常重要的影响。人们在讨论中华文明的形成时，有各种不同的意见，但还少有人对苏秉琦先生这一观点提出异议。之所以如此，主要有以下几个方面的原因。

山西地区的自然地理条件能够满足文明成长的要求。东面的太行山阻挡了海浸时期的大洪水，使其不能往太行山西部地区漫淹。尽管这些地带也有洪水，但山西一带山多沟深，地形复杂，仍然有很多地方适宜于人类生存。同时，这一带的气候相对来说比较好，不仅适宜于人类的居住，也适宜于植物的生长。尤其是南部，无霜期相对长，能够满足植物生长需要的周期。其更南或更西的地区，或者气温湿热，或者过于干旱，就农业生产而言，均存在明显的问题。一些地区虽然在一定时期内适宜于人的生存，但条件变化之后，人类必须大规模迁徙。除了地理、气候这些条件外，还有一个非常重要的原因是这一带的土地比较肥沃，物产比较丰富，特别是黄土的优势十分适宜于植物生长。从山西东部边缘向西延展至甘青一带的黄土高原是世界上最大的黄土地带。山西南部盐池的自生特性为人类的生活，尤其是身体的发育提供了便利条件，成为远古时期极为重要的战略资源。多样的矿产储藏，特别是铜铁资源对生产力的发展也发挥了重要作用。

山西自然地理条件具有非常突出的独特性，主要表现在封闭性与开放性的统一。封闭能够满足文明弱小时期的生长，避免外来更强大的文化的冲击导致其夭折。而开放则使文明能够有条件接受外来文化的影响，并在不断的接触、碰撞中实现吸纳、融合，使原生文化在接受新的文化元素后增强自身的活力。山西地区得天独厚，封而不闭，开而不放，为文明的孕育生长与形成发展提供了基础条件，成为早期人类生产生活并创造文化的理想之地。也正因此，这一带的文化能够持续发展，文明能够不断生长，以至于在经济文化诸多方面优越于其他地区，成为我们所说的华夏地区。当然，最早的华夏并不包括今天山西的全部区域，但也不限于今天山西的地域。大致而言，华夏的核心地带是晋之南部与陕西关中、河南西北部的黄河三角洲地带。这一地带也是我们所说的地域与文化意义上的中原。随着时间的推进及经济社会的发展，华夏的疆域也在变化，最主要的变化是总体上向四方拓展。

突出的比较优势、独特的自然地理品格，使华夏地域成为人类早期文明形成发展的理想之地。也正因此，这里不断地吸引着各地族群向这一带迁徙，持续地形成了族群的融合。一般而言，人们认为在炎黄之战后，实现了炎帝部族与黄帝部族的大融合，形成了炎黄联盟，也就是华夏族群。华夏族群的重要活动地即为山西地区，特别是晋南。所谓华，主要是指晋之南部与陕之东中部，以及豫之西北部。所谓夏，也主要是指这一带。简单而言就是汾渭流域与河洛一带，这就是华夏地区最重要、最核心的地带。炎黄联盟中的不同部落分支大部分在华夏核心地带融合发展，但也有相当的部分外溢，迁徙至更为边远的地带如西部、西南部与东部、东南部。也有一些迁徙至北方草原地区或其他地区。这些外溢的部分，由于比较多地继承了原有的生产生活方式，并与当地的族群相互影响、相互融合，形成了被称为戎、狄、羌、夷的族群，保持着一定的独立性。但是华夏核心地区的人们也在不断地接纳融合其他地区迁徙而来的族群，显现出文化上的新特征，终于转化为华夏。这种复杂性显示出华夏族群在其形成与发展过程中善于吸纳其他文化中于己有益的成分，并转化为自身文化的特殊品格。这也促进了华夏文明的成长，使之保有充沛的活力。

考古研究的角度更可以突出地证明山西地区直根的特点。山西地区的旧石器文化自成系列，显现出比较完备的特征，既反映了特定文化的延续性，也反映出对其他地区文化的影响。新石器时代，考古研究证明了以仰韶文化庙底沟类型，特别是庙底沟二期为主的文化在这一地区的影响，证明这一文化在山西南部具有原生性，并由此向东、西、南、北多个方向拓展。特别是在距今五六千年的时候，各地文化的发展出现了满天星斗、遍地鲜花的状态。其中的红山文化、良渚文化已经表现出文明的典型特征，尤其是良渚文化，是东南部地区非常成熟的文明形态。在中原一带，最典型的是河南洛阳一带的双槐树文化，已经显现出文明的基本形态。但由于种种原因，最主要的可能是气候变化，使这些地区的文化发生了转移，它们先后在这一时期向晋南转移，并在汾河流域的陶寺一带汇集，形成了璀璨夺目的陶寺文化。陶寺文化具有原生性，是华夏核心地带的文化。但是，它又吸收了许多其他文化的有益元素，体现出明显的外来特点。正是这种多元融合的文化形态，促成了陶寺文化的变革进步，使其表现出成熟的具有典型意义的文明特征。这一文明就是我们的先祖华夏族群在艰苦的探索实践中，不断创造形成的文明——璀璨迷人而极富生命力的华夏文明。华夏文明的形成，为之后华夏民族的进一步发展壮大奠定了坚实的基础，也为其融合更多的族群，演进为以华夏为主体的、伟大的中华民族奠定了坚实的基础。

苏秉琦先生通过大量的研究考证发现了华夏文明形成的秘密，他在《中国文明起源新探》中指出，"距今六千年到四五千年间的中华大地如满天星斗的诸文明火花，这里是升起最早也是最光亮的地带，所以，它也是中国文化总根系中一个最重要的直根系。"苏秉琦先生所言之"这里"指的是从中原至北方再折返到中原的文化联结带。这条联结带最重要的地区是晋南，焦点是陶寺。所谓中原，其核心就是华夏地区，特别是晋南陶寺一带。而所谓的北方，主要是指沿太行山西缘汾河谷地北上，往东沿燕山至大兴安岭一带之红山文化及往西沿阴山与黄河地带的河套地区之鄂尔多斯文化所在地。最早的陶寺文化经太行、吕梁之间的平原盆地北上，与东西两方面的诸文化相遇之后又南下，在陶寺一带汇聚。而大汶口文化、良渚文化等多个东部与东南地区的远古文化亦终于跨越太行山进入汾河流域，汇集至陶寺。所以苏秉琦先生认为，"陶寺遗址所具有的从燕山北侧到长江以南广大地域的综合性质，表现出晋南是'帝王所都曰中，故曰中国'的地位……正是由于这个直根系在中华民族总根系中的重要地位，所以，20世纪90年代我们对中国文明起源的系统完整的论证也是以这一地带为主要依据提出的"（苏秉琦：《中国文明起源新探》，辽宁人民出版社、人民出版社，2013年，第93页）。

从以上的分析中大致可以梳理出山西地区对中华文明孕育形成做出的贡献。在距今200多万年前的历史中，山西地区已有人类在活动，由此形成了旧石器文化的完整序列。在距今一两万年的时期内，山西已经发展出比较成熟的农业及其相关文化。在距今五六千年的时期，华夏族群开始在山西一带活动，并在之后创造形成了华夏文明。在距今两三千年的时期，华夏文明逐渐演变为中华文明。这一历史发展进程，与山西地区有着极为重要深刻的关系。对于中华文明的形成而言，山西地区，特别是晋南一带，是其生成的直根。

第二节　文化品格的熔铸

得天独厚的自然地理条件，适宜于农耕的黄土地与温带气候，高山、河流、平原、丘陵等错落多样的自然地貌，为文明的孕育与形成提供了独特的条件。从渔猎到采摘，再到种植，粟作农业在山西南部的太行山区域首先发展起来。这是大自然的恩赐、历史的必然。

种植农业并不仅仅是一个技术的问题，而是包含了人的认知、行为及自然条件、气候等诸多因素的现象。炎帝时代，人们对怎样种好农作物还缺少认知，民间传说与民谣传唱中有很多相关内容，如山西高平一带的民谣中就唱道："七种八种种成谷，除去毒液才能餐。"这反映了当时的人们在掌握农业生产规律的同时不断探索实践的进程。在这样的实践中，人们发现，人并不能绝对掌握农业种植的技术，在很大程度上可能是自然在决定如何才能种好庄稼。人们在耕作的时候，不仅要考虑人自己的愿望，更需要考虑自然规律并适应这些规律。例如一年有四季，春天是播种的季节，夏天是养护的季节，秋天才是收获的季节，到了冬天，土地与人一样，需要休息养护，收获的果实需要收藏，以备来年之用。再进一步，人们会发现，播种之后如果下雨，就有利于种子的发芽生长；庄稼快要成熟的时候，则需要充足的阳光；等等。

这些自然现象与人的生产生活关系密切。人不仅是人自己，具有独立性，人还需要了解大自然的特性、规律，并顺应之，人的行为与自然之间具有同一性。在人之外，还有一个更丰富、更具力量的自然，也就是我们通常所说的天。只有人的行为与天的运行一致时，人才会有好的收获，才能生活得更理想、更幸福。所以，在远古时期，对大自然的观察与研究非常重要，也十分普遍。据说，早在距今7000多年前，伏羲氏已经掌握了许多自然运行的规律，并作八卦。这是中华先祖关于人与自然关系最早最深刻的研究成果，很多地方都有相关的传说。如晋南一带就有伏羲在吕梁山上黄河乾坤湾边画制八卦的故事。史籍中亦多有记载黄帝时期的发明创造，特别是在天文学方面的贡献，如黄帝使羲和占日、常仪占月、臾区占星气等等。大概来说，在黄帝时期，人们已经基本掌握了日、月、年等时间的周期，并把自然现象与人的行为结合起来。至尧时，天文学得到了更大的进步，这不仅表现在人们研究天文学的技术之飞跃，如出现了巨型观象台，也表现在人们对自然规律的进一步掌握，如对二十四节气中二分二至的了解等等。这说明远古时期，由于发展农业的需要，人们对人与自然的关系有了逐渐清晰的认知，并形成了天人合一的思想。这一思想不同于天人对立的观念，是中华文明极为独特的文化结晶，是中华文明对人类文明的重大贡献。

　　中华民族在对自然了解把握的进程中，充分发挥了个人的主观能动性，这种能动性主要不是依靠外在的技术工具，而是内在的感悟能力。我们知道，如果没有相应的技术工具，对自然的了解认知就存在极大的局限性。但在远古时期，人们并没有更多的工具可以使用，这样的条件下要想把握自然运行的规律，最可能的方法就是把人自身的感悟能力发挥至相当的水平，尽可能地根据实践、经验、心性来通天绝地、把握规律。这种努力与人的实践紧密结合并统一起来，使人的内在世界变得更丰富、更强大。与此同时，华夏民族也逐步形成了思维方式的主要特征，就是强调感悟与体验，强调整体性，强调在相互联系、作用的整体中有机综合地做出判断。这是一种超越具体存在的判断，是由具体进入普遍、由现象进入本质的方法。这种方法不强调逻辑论证，不强调归纳推理，强调的是内心世界的感悟力、体察力，所以中华文明十分重视个人内心的修养。这种修养从社会层面来看，体现了个人行为与道德伦理的一致性；从认识论的层面看，是人与自然统一，由人通达自然的必然。而人的行为认知与自然存在运行的统一正是一种至高的境界，是一种由人通达自然的和谐秩序与内心觉悟超越世俗的境界，即人与自然和谐有序运动变化的审美境界，因而中华文明也是一种强调审美的文明。美就是人与自然的协调统一，就是人的行为在怎样的程度上体现了自然最可能的要求，这不仅表现在中华民族的宇宙观、价值观中，也表现在日常生活的衣、食、住、行中。因而，强调审美，强调人的精神世界的升华也是中华文明十分重要的品格。

中华文明另一个极为重要的品格是开放包容。从地理环境来看，山西地理条件最突出的特点是封而不闭、开而不放，这既为文明的养育、形成提供了呵护、屏卫，亦为文明汲取外来有益文化元素创造了条件。从考古发现来看，中华文明的主体华夏文明的形成本身就是一元为本、多样相融的结果，这种品格在中华文明形成之后仍然延续下来。从族群的构成来看，其最基本的构成是炎黄集团，其中既包括了炎帝部族，也包括了黄帝部族，还有可能是属于炎帝部族的蚩尤部族等等。在漫长的历史进程中，以炎黄集团为核心的华夏族群不断吸纳融合其他族群部落，使之逐渐转化融合，形成华夏民族，并进一步扩展为中华民族。这种融合伴随着战争，但并不因战争而迫使某一方被消灭，其最普遍的结果是失败的一方被胜利的一方收纳。其中生命力较为弱小的那一部分逐渐被较为强大的那一部分同化，并融合为一个统一体。一般而言，华夏文明由于自身具有的先进性，总是能够同化其他的文化因素，并在这种同化中使华夏文明接受了新的文化力量。这一文明既不极端排外，又不盲目接受；既为异质文化的进入提供了可能，又不会被异质文化冲毁消亡，它能够在不断的发展进程中，汲取融汇新的文化因子，使自己保有活力，即使在遭遇重大挫折的情况下，仍然具有创新转化的能力，表现出坚韧的生命活力。

这种生命力的存在，是因为中华文明具有突出的人的独立与自觉意识。中华文明认为人是整个自然宇宙的组成部分，是其中的一分子，需要遵循自然之规律、法则。人只有守自然之道，才能行人之道，这是问题的一个方面。问题的另一个方面是，人是有自觉意识与主观能动性的存在，有其存在的价值。正是因为人的存在，大自然才具有了能够被人感知的价值与美。这种人的观念在中华文明中体现得非常清楚。《易经》中有言曰："天行健，君子以自强不息。"这尽管是在强调天与人的同一性，却也是在承认人的独立性的前提下进行的讨论。在《道德经》中，老子指出，人法地，地法天，天法道，道法自然，也是同样的逻辑。所以，道大，天大，地大，人亦大。这种人的独立意识体现在社会生活中就是人的主观能动性得到肯定，并被激发出来。身居高位者并不是以满足自己的私欲为目的，而是以让人，构成社会生活中的每一个人，包括普通人都能够实现自己的价值。

中国神话，特别是山西地区发生的神话与传说，非常典型地体现出这种价值追求。不论是女娲抟土造人，抑或是精卫填海、大禹治水、愚公移山，都是人的自觉意识的体现。人在自然中并不是被动的、被规定的存在，而是在遵循自然之道的基础上，有争取自身发展、幸福可能的独立体，所以人们总是筚路蓝缕、励精图治，为改善包括自己在内的人的生存条件而奋斗、奉献。他们不怕牺牲、顽强拼搏，舍生忘死、忘我而行，表现出中华民族精神世界最具光彩、最具魅力的一面。相应地，那些具有至高地位，拥有支配他人权力的君王，往往以民为上，勤政爱民，如炎帝亲尝百草、教民稼穑，终因误食毒草而逝；黄帝劳心力、节物用，谨敬小心，声、色、衣、香、味、室皆"禁重"；帝尧粗食草屋，为民敬业，立诽谤之木、敢谏之鼓，开民之言路，禅让权位，以利于民；等等。民为上，民为本，民为天，在华夏文明形成的进程中，已经确立了浓郁的以民为本的观念，这些行为与追求体现了中华文化最基本的精神品格与价值理想。

远古时期的山西地区由于具有地理条件的优越性，成为各种文化汇集的主要地区，社会之生产与管理亦得到较快发展，文化也非常兴盛，由此对华夏文明的形成、发展产生了重要影响，亦奠定了中华文化最基本的品格。

第三节　连通与拱卫的中枢

我们曾经谈到，山西的自然地理文化条件最突出的特点就是开而不放、封而不闭。华夏文明之所以在山西晋南及关中、豫西一代的中原核心地带形成，与其特殊的自然地理条件有极大的关系，如其地貌、土质、气候、物产等。这一带具有典型的封闭性，可以呵护文明的生长，但又具有相对的开放性，可以使原生文化接受外来文化的有益成分，形成适应具体环境要求的新的更具生命力的文化形态。就山西地区而言，在中华地域的广阔范围内，具有非常典型的意义，一是其地域的独立性，这使其与外部的联系受到相应的限制，但这种限制并不是绝对的，而是相对的，有条件的。由此也显现出其地域的另一特点，就是一定程度上的开放性，这里仍然保持了与外界的连通，能够通达更多样的地域及其文化。

从这一层面来看，山西地区就居于一种非常特殊的地位，其东西之太行山、吕梁山成为天然的屏障，黄河沿其西部向南再折向东流入大海，形成环护，加以南部的中条山、王屋山与北部的阴山余脉成四合状，使山西成为一个被围拢的区域。同时，在这些天然的屏障之间仍然存在许多可供通行的孔道，特别是在阴山山脉与燕山山脉之间，有可进入蒙古高原的路线。这一点极为重要，它使山西地区能够与草原连通，并由草原进入西域。而在山西东南部，又有许多地方可穿越太行山与中条山，跨越黄河，进入关中、豫西与东部的平原地带。

在车成为运输工具之前，山西已经是连通西域的重要通道，学者们经过研究把这一连通西域的路线名为"山西道"。叶宪舒曾实地考察这些路线，并根据自己的考察与史籍记载、考古发现勾勒出山西通往西域的大致路线。他认为，山西道早期主要是水运，沿黄河南下进入中原，《史记》的《夏本纪》中有明确的记载："贡璆、琳、琅玕，浮于积石，至于龙门西河，会于渭汭。织皮昆仑、析支、渠搜，西戎即序。"司马迁在记录大禹治水平雍州时划定了雍州之大致范围，确定了这一带的贡赋，即"贡璆、琳、琅玕"。其进贡的路线是"浮于积石，至于龙门西河，会于渭汭"。所谓积石，位于昆仑山脉中部，在青海东南至甘肃南部一带，黄河绕其东南而流。雍州一带的贡物要从积石这个地方经水运至龙门，也就是黄河两岸之西河之地，大约在今天的河津一带。然后要集中在渭水的拐弯之处，再送往都城，应该是今临汾陶寺一带。如果是这样的话就很可能是沿汾河北上。这样，西部的若干属于西戎的族群便会"即序"，也就是说管理有序了。这一描述说明在尧舜禹时期，特别是禹治水平患后，沿黄河的水路运输是中原通往西部地区的重要通道，被学者们认为是通往西域之山西道的黄河道。商时，作为运输工具的车已经广泛使用。至周，不仅运输工具得到极大的改进，道路系统也发生了重要变化。《穆天子传》中记载了周穆王用造父所驾八骏之车西巡的过程。他从成周洛阳翻越太行山，沿太行山至雁门关，然后进入黄河河曲地带，又沿黄河进入西域地区。其返回的路线亦大致如此。这说明至周时，沿太行山的陆路已经通行，能够适应天子之巡的要求。这条路被学者们认为是通往西域的山西道之雁门道。而在西周都城镐城即宗周，与成周洛阳之间筑有周道，以保证两地之通行无阻。其中可沿渭水东去，过桃林塞，北上进入汾河，或过蒲津渡（在今永济）北上，沿汾河往太原，再往燕蓟之地（陈鸿彝：《中华交通史话》，中华书局，2013年，第48页）。《诗经·大东》中有言曰："周道如砥，其直如矢。"可见其道路的质量非一般可比。由此看来，山西既具有通达草原地区的出口，亦具有通达关中、豫北之道路，能够连通草原与中原。

同时，山西也是从关中往燕蓟一带的重要通道。这条通道可能在不同的情况下所行路线并不一致，但却成为由西往东的重要路线。尤其在北京成为都城之后，其东西向的道路更为重要。有研究者如荣新江根据考古发现梳理了粟特人从西域进入中原再往东行的路线，发现山西正是这一由西往东道路的关键路段。明清时期，朝贡体系达到极为完备的形态，西域各国朝贡的目的地为京城北京，他们需经过山西出太行山到达。而在山西的考古发现中，有大量西域人士活动的遗存，这说明山西正好处于一个南北连通中原与草原，东西连通西域与燕蓟，再往东达辽吉之地的十字路口，是具有枢纽意义的地带。这种交通方面的重要性一直贯穿了整个历史时期，至现代交通的兴起才逐渐退居次要地位。

当然，并不是说连通中原与西域地区仅此一路，所谓"丝绸之路"并不是线性的，而是网状的。从西域至中原不可能仅经山西，但无可否认的是，山西地区有着极为重要的地位。汉时，武帝发兵进击匈奴，多从山西出兵，乃为其有通道可达。而匈奴也往往经山西袭扰中原，亦因有交通之便。唐时，中原与突厥、回鹘之冲突、联系亦多经山西。史籍记载回鹘往长安，要经太原，再南行，而中原往回鹘亦如此。以至于太原成为回鹘信仰之宗教摩尼教的中心地区。其原因就是太原为中原与回鹘交通的重要枢纽，这里聚集的回鹘人口比较多，往来商人、使节、军旅极为频繁。明清时期，山西是中原地区与北元交战、贸易的重要孔道，发生了许多影响历史进程的重大事件。

除与草原族群之间的战争外，山西是商贸交通的重地。汉唐时期，西域粟特人为最活跃的丝路商人，在山西就发现了大量的显现出粟特文化特点的遗存。当时的蒲州（今永济）、介州（今介休）、并州（今太原）、代州（今晋北）以及平城（今大同）沿线是往来商旅，特别是西域人士最活跃的地区。明时，适应守护北边之需，明政府在长城沿线建九边重镇，屯军戍守。晋地商人展开戍边贸易，以供军需。晋商亦由此登上了历史的舞台，他们兴于盐、盛于茶、辉煌于票号，纵横九万里、驰骋六百年，建立了从福建武夷山地区及后来的湖南、湖北地区至亚洲腹地恰克图的贸易路线，使"草原丝绸之路"显现出新的兴盛与繁荣。这一路线从福建武夷山开始，经安徽、河南，再沿山西汾河河谷或太行山一线进入蒙古高原，继而进入俄罗斯地区，在恰克图汇集，经俄罗斯商人做转口贸易进入欧洲更为广大的地区。晋商不仅在晋地的生意红红火火，其足迹亦遍及祖国的大江南北，以至于东南亚地区，以及经俄罗斯进入欧洲，成为真正的国际贸易，显现出全球化的强劲态势。而山西作为连通中原与草原，进一步连通江南与极北之欧亚地区的中枢，发挥了极为重要的作用。但我们应注意到，如果这一地区仅仅起到了连通的作用，其重要性仍然不够，山西另一个十分重要的作用就是拱卫。

中华地区的核心地带为中原，这是一个以文化认同为正统的地域。但所谓的中原并不是一个有明确地理边界的地域概念，而是一个有着大致边际的不断向四周扩展，以文化的认同来分层次的文化地域概念，其核心地带在晋陕豫交界地区，然后向周边延展。中原的地域范围因文化的同化而改变。从《禹贡》的五服中可以看到，它是一个以中原或冀州为同心圆之圆点，不断向周边延伸同化的结构。早期的核心地带在晋南汾河流域，以陶寺为中心。陶寺是天下之中，夏立后，这个中心出现了向南转移的态势。天下之中到了黄河以南的河洛地区，并拥有了历史上的稳定性。这种转移乃是由华夏地域的拓展决定的，也可以说是中华文化之光大决定的。但这并不能证明中原之核心地区就是政治之中心地区，中原主要是一种文化的标识，是文化认同的标志。

在这样的历史进程中，我们发现中国历代之都城大致在这样一个范围，即中原核心地区范围之内，最重要的如今西安、洛阳、开封、北京，以及相对次要的今之河北临漳与河南安阳一带。而江南之今杭州、南京等地，西北之武威等地虽然亦曾建都，但大多时间不长，或偏安一隅，或割据而治，均难成为统一政权之政治中心。这些统一政权的政治中心虽然不一定是文化中心，但均在晋地之周边，大致可以这样来描述，就是以汾河流域为圆点，向西向东或向北，形成一个半月形，分布在黄土高原或其周边地带。一般来说，黄土高原的海拔要高于这些都城的所在地。也就是说，黄土高原地带不仅在物产等方面可以支持这些政治中心，在地理条件方面也成为这些中心的护卫之地。而这种支持与护卫最典型的地域就是山西。假如山西以并州为中心的话，它距西安、洛阳、北京的距离大致相等，有支撑都城的战略地位，这种地位表现在各个方面。

首先是地域关系。西安在渭河流域之关中盆地，是黄土高原最肥沃的地方。所谓"厥土惟黄壤，厥田惟上上"，是最适宜于农耕生产，社会财富最集中的上上之地。汾河平原亦具有相同的地理特征。汾河与渭河虽地跨晋陕二省，但在地理气候条件诸多方面却具有一致性。汾河平原、渭河平原及河南之伊洛一带均为河流冲积平原，统称"汾渭平原"。汾渭地堑经汾渭二河冲击而成，其延伸方向与汾渭地堑走向一致，整体呈狭长的新月形。因黄河与中条山分割为陕西之关中平原、山西之汾河平原，以及河南之伊洛盆地与灵宝盆地，有论者把这一地区的形状形象地誉为飞翔的凤凰。三门峡、洛阳为凤头，汾河、渭河流域分别为左右两翅，均属暖温带半湿润气候。这一地区气候条件虽有差异，但总体可以满足农作物一年两熟或两年三熟的需要，农业开发历史悠久，有丰富的传统农业经验，是我国历史上最早成熟的农耕地区。今北京虽然在华北平原，但依然在燕山、太行山山脉之侧。沿太行山东侧向南行走可达河南之安阳，即邺城附近。北京的母亲河为永定河，而永定河源头之一在山西宁武县，由此东流，为桑干河，与另一源头内蒙古兴和县之洋河相汇成永定河。永定河与潮白河、温榆河共同在北京形成了冲积平原，携带了大量的黄土细沙，随季节水势的变化而改变河道，被称为"小黄河"，亦称"浑河"。这样的冲积平原极有利于农业的发展。大致而言，山西虽然地处黄土高原，但与那些作为都城的地区有着非常紧密的地域联系，或者说从地域关系的角度来看，它们具有一体性。

其次是交通道路。从草原进入中原，可以从东北地区进入，亦可以从西域地区进入，但最便捷的通道是从晋地进入。无论东北还是西北，即使穿越草原，翻过诸如大兴安岭、阴山等阻隔中原与草原的山脉，还需要继续东南而下或西南而行，才能逐步到达所谓的中原。这应该是相对困难的选择。而从山西北部进入，只要翻过晋地之雁门关，即已进入中原，再南向而行即可俯视平原。晋地地形复杂多样，但却由此显现出更多的可能性。在燕山与阴山之间有通道可南北行。在燕山、太行山一线，有许多连接平原与高原的通道。其中的"太行八陉"最为典型。可以说，从太行山东进南下，均需走这些陉口。而要进入关中平原，黄河沿线有许多渡口，最著名的如蒲津渡、风陵渡、大禹渡及茅津渡等，多为地接三省之地。山西尽管表里山河，但亦四通八达，一旦拥有山西，可控华北、关中各地，且均呈俯冲之势。从高原至平原，山西具有地利之便。

再次是战略地位。尽管晋地为农耕文化的重要发祥地，但由于其地形多样、地势复杂，各地发展演化的程度并不一致，因而亦有很多半耕半牧或以畜牧为主的族群，由于生产方式不同，其生活习性与文化亦各有异。山西地处中原与草原的交界地带，是草原族群与中原族群相互博弈的焦点，或进或退，或战或和，总体来看，呈现农进牧退的状态。但这种进退并不是绝对的，而是相对的，基本上以长城为界。游牧族群进入长城以南，需改变其原有的生产生活方式。农耕族群进入草原长城以北，亦难继续其原有之农耕形态，或退而南返，或转化为游牧。赵武灵王胡服骑射，拓展了北部农耕地带，但并不能巩固更北的地区，只能修筑长城以为掩护。石敬瑭割让燕云十六州，直接暴露了中原之战略防线，使中原地区失去了地域屏护，处于十分被动的局面。历史时期各方势力在三晋之地你来我往，攻守博弈，主要是为了争夺战略主动权，能够控一方而摄天下，其次才是争夺财富与土地。北魏迁都于平城（今大同），使拓跋鲜卑据有了控制中原的战略优势。而进一步南迁洛阳，则进入了中原核心地带，据有文化正统势所必然。由此，据有晋地，则对不同时期的都城形成强大的影响。就中原政权而言，是一种拱卫；就周边族群而言，则是一种压迫。

山西地区的拱卫作用在考古发现与史籍记载中均有突出的表现。夏立，都城不再定于陶寺，而是南迁于平原河洛地带。其中的原因，除夏控制影响的区域得以扩展，更为广大之外，另一个就是拥有包括太行山、中条山等高原山地的屏护，可以避免直接与北部地区戎狄族群对抗。在山西南部发现了垣曲商城、夏县东下冯商城，这可视为对商之平原地区的一种护卫。一方面可监视防范商立之后还没有从商的夏人之活动，以及晋地众多与商关系并不融洽的方国之动向；另一方面，亦是连通黄河之北原夏人活动地区与黄河之南被商控制地区的通道。在东下冯商城中，发现了仓储建筑遗址，说明这里是一处储存物资的重地，可能是从晋南地区向商之京畿输送物资的仓库，亦可能是储备战略物资的所在。

周时，晋地这种拱卫作用表现得更为突出。西周封唐，后改为晋，其地大约在今晋南汾水流域之侯马与翼城一带。传言曰周成王与其弟叔虞戏言而终于封叔虞于唐国。后唐叔虞之子晋侯燮父改唐为晋。如果按照这个著名的桐叶封弟的传说来看，唐晋之地的分封有开玩笑的意思，是周成王的戏言，但实际上却是周立之后的战略图谋。周武王克商，把商之京畿地区划为三块，由商纣王之子武庚领有一处，以管理商之遗民；又命自己的弟弟管叔与蔡叔各领一处，以监督武庚及商遗民。后发生了管蔡之乱，历三年才平定。周成王接受教训，大封诸侯时有了十分明显的战略意图，最主要的目的就是"封建亲戚，以藩屏周"。也就是通过分封自己最信任的亲戚之人来屏护周王室。最为周室倚重的是分封后之齐、鲁、卫、晋四国。成王封姜太公于商之盟国薄姑、莱夷等地，建齐国；封周公旦之子伯禽于商之盟国奄，建鲁国；封康叔于殷墟，建卫国；封唐叔虞于唐，后改为晋。这四人均为成王信任依赖之人。姜太公为其父武王之师，朝中重臣；周公为成王倚重之人；为其兄；康叔为武王之子，叔虞为成王之弟。除晋之外，齐、鲁、卫均在太行山之南的平原地带，以至于海，正是商人控制的重要地带。而唯晋在太行山、中条山之间的晋南地区，占有高原地带，形成战略优势。亦可以说成王接受了当初武王的教训，在黄土高原地带建立了一个震慑平原地区的支点。在管蔡之乱时，黄土高原的霍叔也参与其中，而后来封给叔虞的唐国也成为叛乱的一部分，这使周王室处于十分被动的局面。因而当管蔡之乱平息后，周成王封弟叔虞于唐晋之地，以为王室屏障，其战略意图是非常明确的。

晋国初虽方百里，是一个比较小的国家，但历代晋侯文武齐备、改革创新，收间杂晋地之狄和北方强悍之戎，以屏护周室之安。晋国对戎狄族群采取了以和为主、和武并举的政策。如与戎狄之女联姻，争取了戎狄族群的支持，并逐渐使他们华夏化。同时，安置他们居有所处，使戎狄成为晋国重要的生产与军事力量。晋悼公时，上卿魏绛建议和戎，戎狄事晋，遂兴霸业。这些举措极大地巩固了黄土高原地带的战略地位，有力地屏护了周王室。在周王室东迁时，晋文侯出兵护驾勤王，使王室能够从宗周丰镐迁往成周洛邑，其功至巨。之后诛杀篡权之携王，结束周王室二王并立的混乱局面，稳定了东周初期的局势，是为"文侯勤王"。王子叔带勾结戎狄叛乱，自立为王。周襄王出逃避难于郑国泛邑（今河南襄城）。晋文公出兵至泛迎周襄王复位，并至温（今河南温县）攻俘叔带，拥襄王复位，诛叔带。这些举措当然对维护周王室的稳定产生了极为重要的作用。

秦汉时期，山西的这种屏障地位表现得更为突出。秦始皇立，三次东巡，均经晋地。第一次在灭赵国后，巡邯郸、太原、上郡，主要目的是震慑赵人。第二次东巡在统一六国不久，目的是封禅泰山，立石颂德，以安天下。他从山东返回长安时绕道而行，登太行之山，巡上党之地，西入河东，由蒲津渡河而返。第三次则是在南巡之后，北返至沙丘（今河北广宗县）一带病亡。李斯、赵构等密不发丧，仍按原计划从井陉至太原再北上至九原（今包头），南下咸阳。这些均因晋地战略地位之重要。而秦将蒙恬率30万大军北击匈奴，收复河套地区。至汉，匈奴屡南犯，兵围马邑（今朔州），韩王信降匈奴，致使山西之北部尽为匈奴所占，对关中地区形成威逼。汉高祖领兵至平城白登山，被匈奴包围，后终脱险，启和亲之策。北魏时期，拓跋鲜卑迁都平城，临中原之门，终至洛阳。而留居北方的六镇官民中群雄迭出，杨氏终于建隋。隋炀帝杨广三次巡视山西，发丁10万建太原至黄河之北榆林一带的驰道，在楼烦建汾阳宫。唐时，李氏在晋阳起兵，成盛唐之大业。时长安为都城，洛阳为东都。武则天时在太原设北都。唐玄宗时继在太原设北都，后为北京，同时升蒲州为中都。可见唐对晋地之重视，亦显现出晋之战略意义非同一般。后唐河东节度使石敬瑭将燕云十六州割让与辽，使中原失去了战略屏障，直接暴露在契丹及女真、蒙古等北方游牧族群面前。山西成为北部游牧族群南下中原的战略基地。宋辽金元及西夏攻守博弈，山西成为焦点地区。大蒙古国军南下，木华黎率兵攻占山西，金朝即亡，终建元朝。明清时期，北方游牧族群仍时时南下。明在长城沿线建九边重镇，宣府、大同、太原、榆林四边均与山西有关。特别是大同镇驻大同，太原镇驻偏头关，形成了一条从山海关至嘉峪关的防护线，而其核心地区即为山西。从这一简略的梳理可以看出，山西由于所处地理位置的特殊性，一直是中国极为重要的战略中枢。所谓天下形势，必有取于山西；京师之安危，常视山西之治乱。不论是连通东西南北，还是拱卫京师天下，山西之地位极为重要独特。

第四节　变革创新的先声

中华文明是典型的农耕文明。人们只有通过不断探索实践，才能逐渐掌握耕作技术，因而，实事求是、变革创新就成为这一文明的底色，对后世产生了重要影响。山西地区是华夏文明的主要发祥地，从文化品格的角度来看，也非常典型地体现出这一特点。

尧舜时期，洪水肆虐，所谓"洪水横流，泛滥于天下"，对人民的生活造成了极大的危害。最初，尧命鲧来治水。鲧是一个非常敬业的人，"壅防百川，堕高堙庳"，他把高处的土石削低，填塞低处，希望能够堵住泛滥的洪水。但是这种办法不管用，鲧的治水很不成功。舜把鲧发配至羽山，命其子禹继续治水，终于取得了成功。大禹治水成功的原因就是在总结了鲧失败的教训后，意识到仅仅依靠堙堵是行不通的，必须适应水势的规律，改变思路，采取疏导的办法。于是，疏川导滞，决汩九川，陂鄣九泽，合同四海。在大禹与他的同伴伯益、后稷等人的努力下，各地水系终于疏通了，大水从小河导入大河、大川导入大海。从此水脉畅通，河流归顺，人民生活安宁。大禹如果不转变思想，创新思路，改革旧制，治水是不可能成功的。

春秋时期，诸侯逞强，诸霸争雄。晋国经历代之发奋，终成春秋五霸之一。晋源于古唐国，尽管唐国具有屏护周王室的战略地位，但并不是一个实力强大的国家。《史记》中记载其地在"河汾之东，方百里"。也就是说，古唐国只是一个方圆百里的小国。但是，唐晋诸君励精图治，国力不断壮大。周时，社会治理进一步完善，特别是礼乐制度不断健全，形成了非常完整的体系。但是，唐晋并没有机械地遵循周礼，而是在此基础之上结合实际采用新政，尊重其地戎狄族群的生产生活习惯。所谓"启以夏政，疆以戎索"，就是采用周夏之政治体制，但尊重戎狄之生活风俗，才使民归顺，避免了社会的动荡，亦使其国力得到增强，终于从一个百里小国逐渐发展成为与鲁、齐、卫等相提并论的重要封国。尽管相对于周之礼制，唐晋之治理多有不符之处，但恰恰适应了实际的要求，是一种实事求是的创新变革，为之后晋的发展壮大奠定了基础。

晋燮父改唐为晋，晋国正式登上历史的舞台。依周制，诸侯国应以嫡长子大宗为君，但是在晋国，作为小宗的一支发展较快，终于在经过半个多世纪的努力后取代大宗，成为晋国国君，是为"曲沃代翼"，即在曲沃的小宗取代了在翼的大宗。这对周之礼制是一种挑战，但从历史发展的进程来看，这一变革引发了晋国的改革变法，为晋之霸业奠定了基础。至晋文公时，晋国进行了卓有成效的改革，主要表现在这样几个方面：一是在经济领域，废除许多与实际不符的法令，轻徭薄税，发展生产，改进工具，奖励垦殖，修筑道路，重视商业，宽商通农；二是在社会风尚方面，严惩盗贼，整肃民风，宣明德教，倡导相互帮助、相互救济的礼俗风尚；三是在礼法制度方面，助周复位，重新确立周襄王的地位，启用"郭偃之法"，制定官员的礼法制度，如赏罚制度、俸禄制度、任用制度等；四在军事体制方面，改革军制，将原来的二军制改为上、中、下三军制，后又增设新上军、新下军，为五军制；五是在政治方面，选贤任能，任用功臣旧贵，特别是启用有能力的非姬姓士卿，使他们能够进入社会的管理阶层。晋文公的一系列改革激发了社会活力，促进了生产发展，改善了人民生活，使晋国国力大振，后经城濮之战大胜楚国，终成霸主。这一系列的改革被称为"文公之教"。

晋国一改周之成制，重用异姓大夫，使社会上有才能的人士涌现出来。但随着时间的推移，异姓公卿的势力日见强大，对晋之政治、经济、文化的影响日深，终演化为韩、赵、魏三家分晋的局面。晋室虚位，终至解体，战国时代开启。从历史发展的进程来看，被淘汰的是积弱落后的晋公室，代之而起的是积极进取的三晋诸国。魏文侯以卜子夏为师，任用贤才，加强法治，发展经济，由李悝主持推行改革，改进耕作方法，增加农业产量，调整生产关系，颁布《法经》以规范社会秩序，魏国逐渐成为强国。韩国至韩昭侯时，任用申不害实行改革，改进农业生产，保持土地质量，根据实际功绩决定赏罚，实施严明的法治。正如《史记》所言，"国治兵强，无侵韩者"。赵国的改革也不断深化。春秋时期，晋国已经开始把新辟之地赐给有军功的将领作为采邑，采邑的拥有者由晋国国君直接任命，采邑不能世袭，称之为县或郡。这种早期的郡县制雏形与周之分封制是不同的，似可视为对周分封制的补充，也可视为对周分封制的悖逆。赵国不断向北方地区拓展，先后设立了云中郡、雁门郡、代郡，在郡之下设县，并移民北上，垦戍边关。郡县制的设立，有效解决了拓边带来的治理问题，迅速被其他诸侯国如秦、楚等仿效，为之后秦统一中国实施郡县制奠定了基础。赵武灵王为拓边拒胡，改革兵制，实施胡服骑射，影响深远。兵制的改革不仅对赵国国力的增强意义重大，对古代中国战争方式的变革也产生了深刻影响。更重要的是，在人们的认识中，观乡顺宜、因事制礼成为新的文化理念，只要能够利民厚国，就应该革除旧俗，接纳新生。一直以来，改革图新的文化基因影响着晋地的发展进步，并对中华文明的发展进步产生了重要作用。

从中华文明之思想价值的构建来看，晋地是儒家文化的重要践行地、变新地。由于炎黄二帝在这一地区融合新变，华夏族群形成，并逐渐发展壮大，终成伟大的中华民族。尧舜禹三代，夏商周三朝，与晋地关系密切，或为建都之"中国"，或为滋生之地望，对儒家文化的形成影响至著。但是，晋地也是儒家文化不断新变发展的地区。孔子之徒子夏在西河讲学，成为儒家重要一脉。他强调不仅要讲圣贤理想，还必须能够学以致用，有能力实现理想。荀子为儒家承前启后之人物，他在全面总结儒学思想的基础上强调法治精神，被视为是开启法家学派的重要人物。春秋战国，各擅胜场，诸侯纷争，晋地不仅出现了众多最重要的法家代表人物，亦是纵横家的兴起地、名辩家的重要活动地、兵家的集大成之地，并且之后历代均有极为重要的思想家出现。

从社会治理的角度来看，晋地不同时期均有重大变革。从炎黄二帝而言，其各族共主的地位，尽管史籍记载是由于仁德广披，但不能否认主要依靠武力来保障。至尧时，禅让制成为最重要的政权方式。而在禹时，禅让最终被世袭取代。大禹之子启开宗亲继位的世袭制，这种制度一直沿袭下来，终整个古代中国。至少在尧时已出现了分封制，至周时分封更为完备，但已经在晋地出现了郡县制的早期形态。北魏时期冯太后、孝文帝改革，对中国社会产生的影响至为关键，奠定了之后隋唐再次统一的基础。忽必烈入主中原，大批中原士人进言要延续传统中原文化，忽必烈等采纳良言，变革蒙古游牧社会治理体系，积极实行汉化政策，稳定了蒙古的统治，支撑了蒙古的扩张。清末，社会变革风起云涌，著名的"戊戌六君子"之一，晋地之杨深秀，以国家命运为己任，呈奏图新，舍命上书，力主变革，终献出了宝贵生命。

从经济发展来看，中华文明以农为本。炎帝尝百草，种粟稷，教民稼穑，是为神农氏。但炎帝时期亦"日中为市"，出现了最早的交易市场。在农业发展过程中，农耕技术发生了重要的变化。神农氏的主要功绩是辨别出什么样的植物可供人们食用，以及如何才能种植这些植物。至尧时后稷，则善相土、识良种，能够根据土地的品质来决定耕种什么最好、什么样的种子能够生长出更好的庄稼等等。至明清时期，晋商应时而现，得地利之便，往边镇运送军需物资，特别是晋南盐池之食盐。之后开辟的通往欧洲之茶叶之路，成为连通中欧的通商大道。随着经济贸易的发展，晋商又创立票号，便利了工商业的发展，他们生于盐、兴于茶、辉煌于票号，在不断的新变中谋生存、求发展，不仅对中国工商业的发展、城市的兴起产生了重要影响，亦对国际经济格局的变化产生了重要影响。

从文化与艺术的发展新变来看，晋地为中华文化艺术之发展做出了极为重要的贡献。在柿子滩遗址中，人们发现了距今两万多年至一万年的岩画，是为人类历史上最早的岩画。仰韶文化中半坡类型的人首鱼身彩绘向庙底沟类型的抽象花卉演变，既反映出那一时期历史的演变，亦表现出人类艺术的新姿。商周时期，晋系青铜器从质朴厚重向精致典雅转变，是生产力与技术的进步，也是社会发展的体现。以云冈为代表的石窟艺术，从雄浑博大的草原风格、希腊犍陀罗风格向本土化演变，形成了"褒衣博带、秀骨清像"的艺术特色，多元文化的融合被视为"云冈模式"。佛教从西汉时期传入中土，一直存在与世俗世界的矛盾。佛图澄一系提倡"礼帝如佛"的教理，使佛与世的矛盾得到消解。至净土宗、禅宗的形成，实现了佛教的中国化，不仅使佛教在中国得以发展壮大，亦丰富了中国的文化。唐时著名的晋籍思想家王通倡导儒、释、道"三教可一"，不仅把佛教视为中国传统文化的重要组成部分，亦使中国古典思想汲取了更多的新鲜血液，得以丰富进步。至清时，世界大势浩浩荡荡，中国亦受时潮之激荡，睁眼看世界。傅山一改以经学研究为中心的时尚，执着于子学的研究，开拓了新的学术领域。他与游历山西的顾炎武等结为至交，探讨国家兴亡之途。顾氏之治学重视考证，开明末清初朴学之风，持"博学于文，行己有耻"之精神，"合学与行、治学与经世为一"的追求，强调既要研史更要论今。晋人徐继畬作《瀛寰志略》，系统介绍世界各国之大事，不仅对中国人认识世界产生了重要影响，对日本的维新变革、走向现代也产生了重要影响。晋地求实新变、改革创新的精神是中华文明重要品格的典型体现。

第五节　礼法兼治的舞台

从某种意义讲，中华文明是一种"礼"的文明。至少在周时，礼制已经非常完善。据说伏羲时代已经出现了礼乐制度的雏形，很多典籍中记载了这方面的内容。如我们介绍的尸佼，在其《尸子》一书中就认为"伏羲始画八卦，列八节而化天下"。这里的八卦是伏羲在观天测象，研究地理人文之后得出的对天象自然与人文道德的高度理论总结。根据这一理论，可以教化天下人民，使之趋向文明。孔安国在《尚书·序》中指出，"古者伏牺氏之王天下也，始画八卦，造书契以代结绳之政，由是文籍生焉"。可见在伏羲时代社会治理已经有了相应的制度。三国时期的谯周在《古史考》中指出，"伏羲制嫁娶，以俪皮为礼"。这一说法在各类古籍中多予提及，说明在这一时期，他们开始走出母系社会，进入对偶婚时代，对婚嫁制度有了新的规定，特别是制定了嫁娶之礼。据说伏羲时代已经有了成熟的音乐，祭祖敬天、婚庆大典均有音乐礼制出现。这一时期也发明了很多乐器，如瑟、琴、笙、簧、箫、埙等，使用的乐曲有《荒乐》《驾辩》《扶耒》《网罟》《劳商》等。这些均可视为人类早期的礼乐之制。

黄帝时代开始制定官制，"官名皆以云命，为云师"，如春官为青云、夏官为缙云、秋官为白云、冬官为黑云、中官为黄云，同时设四臣，置左右大监，有《云门》《大卷》之舞曲。可见这一时期社会治理进一步完善，礼乐制度逐渐发展。尧舜禹三代，社会关系进一步丰富，治理体系进一步系统，礼乐制度也得到了进一步完善。尧时已有各类官员负责相关事务，如羲和氏负责天文历法、后稷负责农业生产等等，设四岳十二牧，负责地方管理与国家大事。舜时有司空、后稷、司徒等九个行政长官，划天下为十二州。夏禹时划九州立五服，出现了早期的宗法制度、世袭制度、分封制度、土地制度等。可见随着社会生产的发展，管理体系逐渐复杂起来。至周时，古代中国的礼乐制度终于完善，成为系统全面的治理体系。《周礼》非常详细地记录了这些内容。

礼乐制度的实施是中华文明对人类文明的独特贡献，它从应该怎样做的层面规定了社会管理体系与人们日常生活规范的方方面面，是一种激发人追求向上价值的制度，也是一种具有规定性的体现法的意义的条文。中华文明对于社会规范与治理不是仅仅依靠单一的法律规定，而是在正面倡导怎样做的同时，也规定不能做的各种情况，所以礼的精神中也包含了法的意义。

不过，人们在讨论法的时候，习惯从法家之法谈起，少从礼法之法来看法。东周时期，礼乐崩坏，是指从尧舜至西周之礼乐制度随着时代的发展出现了严重的不适应，需要有新的治理观念与治理方法出现。法家于是应时而现。实际上，中华之法隐含在中华之礼中，法家的实践只是更强调法的意义而已，并没有否定礼的价值。我们注意到，古代中国的法治建设与晋有着极为密切的关系。

首先是晋国所处的地理政治环境十分复杂。晋由唐成，周之唐国，仅是一个方圆百里的小国，从政治治理的角度来看，作为周封的诸侯唐国，曾参加反抗周武王的管蔡之乱，说明其中存在着悖周乱世的政治势力。从其人口构成来看，其中除了周封之王室成员随从之外，还有很多唐地之原住民，主要是夏之后裔遗民。此外，还有不属于农耕之民的"怀性九宗"，就是在唐晋封国内的狄人各部。而在其周围，还有更为复杂多样的戎狄之民，其中除了属于"怀姓九宗"的狄族之外，还有其他族群。据史籍记载与考古发现，如霍国，就是参与了管蔡之乱的霍叔之封地。还有杨、赵、先、虞、虢、魏、耿、冀、韩、柏、董、荀、郇等国，这些国的情况比较复杂，其中有周之封国，也有世家大族。尽管其民之构成还需要深入研究，但肯定不是单一的。特别是近年来的考古发现，认为倗、霸、相等应属于隗性狄国。这样复杂的政治局势，对于唐晋的治理而言，仅仅强调礼是不够的，还必须重视法。

其次是周时各国竞相发展，晋国国土狭小，人口复杂，要在众多强国中站稳脚跟，必须励精图治、变革创新，有非常之举。时齐国重用管仲为相，推行改革，实施新法，齐桓公称霸，成为春秋时期的第一代霸主。南方的楚国亦逐渐强大，对中原虎视眈眈。鲁卫等国借周室之威，雄心勃勃。晋国的改革变法实是时事所迫、现实要求。从唐叔虞至晋燮父，至"曲沃代翼"之晋武公，到晋文公称霸，再到晋悼公复霸，晋国历代均变革图强，其间多有变革周制、创举新规，从而强大国力之举，最为重要的就是加强法的治理。

实际上，晋地素有法治的传统。依法治法，史有余脉，至晋则可谓顺理成章。炎黄之时，人们还没有明确的法的意识，但是黄帝在战胜蚩尤部族之后，为震慑乱民，安定秩序，画蚩尤像以张贴警示，可视为一种法的形态。按照《史记》所言，黄帝设有天、地、神、祇、物五官，"各司其序，不相乱也"。这其中应该有负责与司法相关的官职。尧时，能够与法相关的是设立"诽谤之木"与"敢谏之鼓"，以开言路，以纾民困。舜时制定刑法，其中有墨、劓、剕、宫、大辟五刑，设士官，主持刑罚，有膑刑、黥刑、鞭扑等，此外还有流刑。禹时，法的治理范围更为广泛，他划九州定五服，均设有相关的制度典章，其中就包含了法的规定性，如五服各自向中央承担的进贡以及相应的惩罚等。《汉书·刑法志》中说禹时德衰，"制肉刑"。虽然我们不知道肉刑的具体内容是什么，但这一时期已有了刑法制度是可以肯定的。这些均为日后晋国的法制改革奠定了基础。夏商时期，各有法治，研究者认为可以梳理归纳出黥、劓、刖、醢、脯、焚、剔、炮烙、剖心等刑罚。至周时，周礼的制定中包含了大量法的内容，如其中的秋官司寇就是"佐王刑邦国"，即执掌刑法之官；如用"三典"惩治违法之诸侯，"五刑"来惩罚犯罪之民众，建"圜土"，也就是类似于今天监狱或看守所之类的建筑以教育不良之民等等。总体来看，这一时期的法治更为健全。

再次是适应时代发展的要求，晋国广罗人才，其中最重要的是在三家分晋之后，法的实践得到了理论上的总结，出现了许多重要的法家著作。而晋及三晋之变革多从法入手，使国力大大增强，其变革也深刻影响了其他地区诸侯之国，使中华大地之法治得到了强化。

晋献公时，士蒍受到重用，任大司空。适应"曲沃代翼"后晋国发展之需要，他在晋献公的支持下，建立起一套有效的法律制度，为"士蒍之法"。其内容今已不详，但大致是在政治上启用异姓贵族，解决了公族争夺权位的问题；军事上将晋国军队从原来的一军扩充为二军，壮大了晋之军事实力，为之后晋文公改革军制奠定了基础等等。后来，晋国多有新法出现。

晋文公时期，所谓"文公之教"的改革中就包含了规范各级官员的法律性制度。"文公之教"也被称为"被庐之法"，强调经济上农商并重、政治上坚持尊周王室之正统地位、礼制上明确约束官员的各种制度。总体来看，晋文公的"被庐之法"仍然延续了周室礼制的核心，即明贵贱、定尊卑、尊王室的观念，是其社会治理思想在制度上的延续与具体化。晋文公的改革非常重视郭偃，之后，出现了"郭偃之法"。

郭偃，春秋时晋大夫，掌卜筮，善观天象，亦称"卜偃"，他是晋文公改革的主要助手，与齐之管仲齐名。"郭偃之法"强调从经济改革入手，再逐渐扩展至政治领域。在经济领域，制定了促进生产、争取劳动力的措施；在政治领域，虽然强调亲亲，但也倡导尚贤，重用贤德之士；在分配制度上，各定所获，国君不再保留土地，而是从卿大夫的土地上收取税收等。"郭偃之法"对晋文公改制产生了极为重要的作用，对晋国终于在齐桓公之后成为第二代霸主具有非常重要的意义，亦是三晋法家学派的源头。战国法家人物多受其影响。

赵宣子赵盾执政时，制定了变革之法，即"赵宣子之法"，主要内容有这样几个方面：一是制事典，明确各事项的制度；二是正法罪，完善刑律法令；三是辟狱刑，清理旧弊积案；四是董逋逃，追拿逃侠罪犯；五是由质要，整理财务账目；六是治旧污，惩治积案腐败；七是本秩礼，明确尊卑礼制；八是续常职，恢复已有旧职；九是出滞淹，举用社会贤能之士。这一法令既是对"文公之教"与"郭偃之法"的进一步完善变革，也对之后晋国的变革发挥了重要作用。

晋国制定的法律中，"范武子之法"也很重要。范武子，氏士名会，因封于范，为范氏，也是范姓得姓之始祖。他曾任晋国之中军将等职，是士蒍之孙、范宣子之祖父。晋景公时，曾汇编夏商周三代的典礼制度，恢复了晋文公制定的执秩之法，作为晋国的法度，被称为"范武子之法"。由此亦可见晋国法治的一个矛盾之点，这就是要重周礼之尊卑秩序，还是重发展需要的君民一体之法。这一矛盾也是古代法治变革进程中普遍存在的问题。解决了这一问题，法治才能够具有现实意义。

在晋国与其他诸侯国不断博弈争霸的过程中，赵简之赵鞅登上了历史舞台。据史书记载，公元前513年，赵鞅与荀寅铸刑鼎，向社会公布了由范宣子在赵宣子之法的基础上拟就的晋国新法，被称为"范宣子之法"或"范宣子刑书"。其法的具体内容已佚失，但这是中国法治史上第一部从国家总法中分离出来的刑法。这一行为亦引起轩然大波，认为冒犯了周之礼制，是乱法。不过，就当时来看，这样的事情非晋国首创，在此之前20多年的时候，郑国子产已经把郑国之法铸鼎公示，也引起了一派反对之声。特别是晋国的叔向认为"民知有辟，则不忌于上"。当时国家的法律是藏于公室秘而不宣的。子产铸鼎把国家之法向社会公布，不合时礼，亦侵犯了贵族利益，遭到了贵族的反对。赵鞅的情况也如此。但这种做法却是中国法制史上的大事，打破了法在密室，由统治者专擅的陈规，成为向社会公众公开的国家成文法，标志着周时由礼制向法治的转变，是社会进步的要求。

韩、赵、魏三家分晋，晋室虚立，拉开了东周之战国时代。各国适应时代之变革，纷纷改革，各争其强。三晋国家得风气之先，据地利之便，对旧制进行变革，其中最重要的是魏国。

魏国的变法主要发生在魏文侯时期。魏文侯支持卜子夏在西河办学，一时就者如云，可谓汇集了当时天下英才。魏文侯也以子夏为师，学习儒学，力求致用，任用贤才，加强法治，使魏国的发展走在了各国之先。最重要的是他启用李悝主持变法，在经济上调整生产关系，废除传统的"井田制"，改进耕作方法，增加农业产量。同时，政府屯购余粮，遇荒年平价出售，以稳定市场，维护民生，所谓"尽地力之教"与"平籴法"。在政治上，废除世袭制，平抑贵族豪强，实施"食有禄而劳有功"，鼓励能人贤士为国效力，任用四方之士，激发了社会的活力。在军事上建立"武卒制"，考核士兵，奖励优秀。同时，李悝作《法经》，就魏国之法律事项如惩治盗贼、限制特权等做出具体而明确的规定。尽管《法经》已佚，但其意义重大，一是进一步突破了"刑不上大夫"的宗法制传统，使法律的公平性得到了更明确的体现；二是更为具体，操作性更为明确；三是对法家思想的形成产生了重要影响，被吴起、商鞅等之后的变法继承，被韩非加以理论化；四是深刻影响了各诸侯国的改革，各国变法多承魏制；五是对中国法治的发展也产生了重要影响，如汉代法律制度的建设多承秦制，而秦之变法实由魏来；等等。

三晋之韩国亦积极推行变法。韩昭侯时，用申不害主持改革。申不害强调发展经济，促进农业丰收，开垦土地，保持地力，同时变革旧制，强调"循功劳、视次第"，对有功之人给予奖赏，对有罪之人给以惩罚，不能单纯视其出生门第。申不害在法治方面循名责实，整顿法令，使民可依，其变法使弱小之韩国"国治兵强，无侵韩者"。

赵国的改革在三晋国家中也非常突出，甚至是力度最大者。赵国初成，赵烈侯用公仲连为相，主持变法，其主要功绩是教化民众，建立选官制度，改善财政。但由于这一改革缺乏创新，未能建立适应战国争霸历史需要的治理体系，成效并不明显。赵武灵王时，实施胡服骑射，改革兵制，使赵国国力大增，在北部开疆拓土，实施统治。为此，又行郡县制，任命官员在新拓之地进行治理。总体来看，赵国在三晋国家的变法潮流中，具有突出的代表性。

战国时期的变法浪潮由三晋而起，波及各国。商鞅曾就学子夏，在魏任职，后至秦，主持秦国变法，使秦制国力得到增强，其本人亦成为古代中国最重要的改革家。楚国任用吴起实施变法，国力渐强。吴起亦为子夏之徒，由魏入楚。他们的变法均源于魏制，其中的商鞅强调以法治国，申不害强调君主主术，而另一位法家思想家慎到则强调君主之势，形成了三晋法家法、术、势的思想。在三晋法家卓有成效的实践之上，出现了法家之集大成者韩非。韩非为韩国之人。身处战国乱世，韩国积弱，韩非希望为韩国的强盛出力。但他却不被任用，愤而著书，有《韩非子》存世，产生了重大影响。他集三晋法家法、术、势于一体，系统总结分析了以法治国的理论，并将辩证法及朴素唯物主义的方法与法融为一体，成为先秦时期法家理论的最高峰，为秦统一六国提供了思想武器，亦为中国漫长的君主集权制度提供了理论依据。

三晋地区的变法是在周朝礼乐制度的基础上适应社会发展要求推进的。一方面，晋地由周之宗亲所治，属于周之股肱之地，对周王室的巩固发挥了重要作用，在社会治理方面遵循周之礼乐制度。另一方面，晋地又具有地理、政治、文化上的特殊性，从一开始就实行

"启以夏政，疆以戎索"的治国方略，并不完全拘泥于周礼，而是根据实际采取相应的措施。这对晋之变法而言，是积极的思想与政治基础。同时，晋文化中求实求是的特点决定了要国家强盛，必须根据实际采用有效的方法。而春秋战国，各国争雄，如果机械地套用周制，国家就得不到发展。在周礼崩坏的情况下，法的意义凸显出来。晋人得风气之先，大胆创新，积极变革，陆续实施了一系列的新政新法，使国家的实力不断增强。表面看，三家分晋是晋公室内部矛盾斗争的结果，而实际上，更是生产力发展，原有体制难以容纳发展要求的必然。分晋之后的三晋，一般而言应为各诸侯国中之小国，但他们奋发图强、励精图治、变革创新，使国力不断增强，终于在诸侯兼并、弱肉强食的环境下发展壮大，成为战国七雄之三。七雄虽重，晋有其三，这充分反映出晋地文化具有非常强盛的发展活力，亦是其实事求是、不断新变的结果。

第六节　科学技术的革命

　　人类在漫长的发展进程中，不断实践，不断探索，逐步提高了自身的生产生活能力。这种演变的一个极为重要的原因就是劳动技能的提高，或者换句话说就是科学特别是技术水平的提高。

　　人类最初能够使用的工具是非常简陋的，但在当时而言很可能具有革命性。当第一个使用木棍挖掘土地的人出现后，就说明人已经知道了工具对劳动的重要性。今天的人们能够找到的最早的人类劳动工具，应该是石头制作的工具，我们称之为石器。按照一般的研究，人类使用石器的时间非常长，人类物质文明发展阶段亦因石器的制作形态与技术不同而划分为旧石器时代与新石器时代。距今约300万年至距今1万年左右的时间为旧石器时代，这一时期主要以使用打制石器为标志。距今5000多年至2000年左右的时间被称为新石器时代，这一时期的石器以磨制为主，更为精细多样，以适应更复杂的劳动。由于各地自然条件不同，发展进程各异，石器的使用呈现出比较复杂的形态，所以这种划分只是一种大概的约定。人类在进入新石器时代之后，生产力得到较大提高，出现了陶器及早期的冶炼铜器，畜牧业与农业形成，文明的曙光闪射出动人的光芒。

我国现存石器时代遗址众多，比较早的如元谋石器、蓝田石器，以及后来在周口店、观音洞等地发现的石器。山西地区发现的新旧石器时代的遗址遍布全省，不仅数量众多，且文化含量巨大，呈现出完整的序列，可为我国石器时代的历史演化提供系统的实证，其最重要的特点有这样几个方面：一是存在时间最早，芮城西侯度为距今243万年左右的遗址，是目前发现的人类最早的旧石器时代遗址之一。二是序列完整，在山西发现了比较典型的旧石器时代遗址，如芮城匼河遗址，距今五六十万年；临汾丁村遗址、大同许家窑遗址，距今20万年至10万年；沁水下川遗址、朔州峙峪遗址，距今3万多年至1万多年。新石器时代的遗址更为丰富，品质更具文化含义。三是表现出典型的文化连续性，特别是其中的大石片砍砸器——三棱大尖状器自成系列，出现在不同的遗址中，显现出这些石器具有文化上的延续性。四是影响重大，一些石器的制作技术对其他地区，包括海外，具有重要影响，如在许家窑遗址中发现了细石器的雏形，至峙峪终于形成细小石器的代表，并对我国北方、东北亚、日本列岛与北美细石器的形成有明显影响。至新石器时代，特别是以仰韶文化为代表的文化类型，是华夏文明形成的重要文化渊源。

在人类发展进程中，火的发现与使用意义重大。火本来是一种自然现象，但被人类发现并控制之后，终于成为一种推动人类进步的重要工具。就目前的考古研究来看，最早被认为是人类自觉地使用火的遗存是芮城西侯度遗址的烧骨，这说明距今243万年左右时，火已经被人类控制，人们能够根据自己的需要来使用火。在山西地区的其他遗址中也发现了用火的遗存，如匼河遗址中也发现了烧骨。另一个非常重要的现象是水井的出现，水井使人们能够远离河流，寻找更适宜的居住地。传说是黄帝时期"始穿井"，但具体已不可考。目前在考古研究中已经发现有水井的如河姆渡遗址，距今六七千年。山西地区在陶寺遗址中发现了多处水井，这些水井虽然不是最早的，却是在华夏核心地区中最重要的。史籍有"伯益作井"之说，应能够与陶寺时期相对应。至少这一时期的打井技术得到了提高与改进。陶器的烧制技术也非常重要。现在我们很难证明是什么人最早发明了烧陶技术，但典籍中讨论认为，所谓陶唐氏就与烧制陶器有关。如果是这样的话，尧与陶应该有很大的关系。典籍中也有舜陶于河滨的记载，这说明至少在尧舜时期，陶器已经成为较普遍的器具。从考古发现来看，在山西翼城的枣园遗址中，已经有陶壶、陶罐、陶纺轮等陶制工具，时间距今7000年左右。这一时间应该比黄帝时期还要早。

石器的进步使人类掌握了更多更有效的劳动工具。火的发现使人类掌握了更为重要的技术，走出了茹毛饮血的野蛮状态。水井、陶器的出现使人类能够离开河流，在广阔的土地上寻找居留地。这一切都促进了生产力的进步，曾经的以狩猎、采集为主的生产方式发生了变化。生产力的发展也使人口得以增加，人们需要有更多的食物来满足生活所需，于是出现了以种植为主的农业。农业的发展为文明的形成奠定了最坚实的基础。尽管从目前的研究来看，典籍记载与考古发现之间还不能完全一致，但至少能够为我们的讨论提供更多可靠的证据。传说中的炎帝尝百草、教稼穑是在种植农业形成的原始时代。从考古发现来看，沁水下川遗址中已经发现了石磨、磨棒及石镰、石刀等农业生产工具，在后续的发掘研究中也发现了植物种子。说明在距今两万多年的时期，太行山南部已经出现了农业的早期形态，这种农业可能更侧重于采集。大约同时期的吉县柿子滩遗址中发现了十余件石磨，在其表面存有野生植物的种子淀粉颗粒，其中大多为黍亚科与植物根茎，这些发现说明了农业由采集向种植的演化。在距今五六千年的夏县西阴村遗址中发现了粟黍的炭化物及大量用于农业生产的石器工具，显现出从耕作至收割的农业生产的完整过程，证明这一时期的种植农业已成为最重要的农业生产活动。这些均说明山西地区是农业由采集向种植转变的重要地区，亦是粟作农业的重要发源地。之后，农业生产技术不断进化，商周时期已经出现了以井为中心的灌溉系统，出现了"抛荒制"种植法，以及选育优种耕种以提高产量的技术。战国后期，主要的铁制农具已经出现，在山西各地的遗址中均发现了相关信息，特别是精耕细作的农业形式出现并逐渐形成传统。种植技术的进步在秦汉时期表现得尤为明显，牛耕、风车、磨坊等已经普遍使用。农业的发展也促进了农业科技的研究与进步。宋时，在绛州（今新绛一带）出现了用马壁水淤田的现象，被称为"淤田法"，引起王安石重视而被推广。元时，出监寿阳郡的畏兀儿人鲁明善撰有《农桑衣食撮要》，按月份列举每月农家之事，是当时最重要的农学著作。清时，寿阳人祁寯藻著有《马首农言》，是对晋地太行山一带农业生产与社会生活的记录，涉及地势、耕作、水利等诸多农业技术，是我国清末一部极为重要的农学著作。曾任山西巡抚的吴其濬著有《植物名实图考》，是我国历史上收录植物种类最多的植物学著作，被认为体现了中国古代植物学的最高水平，具有世界影响。

与农业生产关系密切的是天文学与水利工程，因为人们需要观察天象来安排农业生产。中国古代天文学极为发达，据说由先秦时期史官修撰的《世本》中已经记载了黄帝使羲和占日、常仪占月、臾区占星气的历史。这些记载说明至少在黄帝时期已经有了对天文学的研究。《尚书·尧典》记录了尧时观天测象、敬授民时的现象。在陶寺遗址发现的天象台，为目前人类发现的最早的天文观象台。当时人们掌握的天文现象在很多方面已经非常接近现代，是天文学极为重要的奠基性研究成果。三晋地区曾涌现出许多极为重要的天文学家。据说箕子曾在陵川的棋子山上仰观天象。《晋书》中记载卜偃及魏赵等地均有专门的人士"掌著天文，各论图验"。魏国的石申夫在公元前4世纪已经制定了世界上最为古老的星表"石氏星表"，能够表现出太阳每日向东移动一度，一个回归年的长度为365.25度，开中国周天制度的先河。这比希腊希帕克斯等人的理论要早200年以上。石申夫著《天文》8卷，被后人誉为《石氏星经》，其中表现了中国至迟在战国时期就开始采用赤道坐标来记述天体的运行及方位。而欧洲直至近代才开始采用赤道坐标系统。这一时期，山西地区也出现了一些关于宇宙模式的研究成果，最著名的就是魏国尸子关于宇宙内涵的阐释，所谓"四方上下为宇，往古来今为宙"。他并且认为时间与空间都是相对的、变化的。赵国的慎到也提出了一种在当时来看实为全新的宇宙模式，他认为"天形如弹丸，半覆地上，半隐地下，其势斜倚"。这种所谓天体是浑圆的概念是人类宇宙认识史上的一次巨大飞跃。

北魏时期，政府组织专人整理各种星经，集为55卷。著名的鲜卑族天文学家斛兰主持铸造了中国历史上唯一的一台铁制浑仪，一直使用至唐中叶。上党长子人李业兴先后制定了《戊子元历》《戊子历》及《甲子元历》与《九宫行棊历》。五代时，定居太原的马重绩新造《调元历》，融合了西域天文学之理论，具有重要影响。宋元时期是中国科学技术新的繁盛时期，这一时期的晋地之学者在天文历法方面贡献颇多。宋时，晋城人刘羲叟精通历算，编撰了《新唐书》中的《历志》5卷、《天文志》3卷、《五行志》3卷，以及《新五代史》中的《考天司》1卷，此外还著有《刘氏辑历》等多部重要著作。平定乐平（今昔阳）人杨云翼为金时历算家，著有《五星聚井辩》《悬象赋》《勾股机要》《象数杂说》等。河中人苗守信著有《乾元历》9卷等。

与天文学紧密相关的是地理学与数学。春秋时期，四则运算在晋地已经非常普及，成为普通民众日常生活的常识。西晋时闻喜人裴秀著《禹贡地域图》，绘制《地形方丈图》，成为中国古代地图学的奠基人。特别是他提出的"制图六体"，具体明确了绘制地图的六条原则，即分率、准望、道里、高下、方邪、迂直。其中的"分率"要求设计经线与纬线织成之方格网与比例尺，以识别四方与远近。"准望"则要求通过准望北极星来确定地图的方位，为世界各国采用以北为上的制图法则之始。至宋，山西平阳人蒋周精通心算，著《益古集》。金时，出现了刘汝谐、李德载等数学家。刘汝谐为平水（今临汾）人，著有《如积释锁》；绛（今新绛）人元裕著有《细草》。这些著作与《益古集》均为讨论天元术，也就是解方程的算术。亦因他们著作的存在才使后人了解了当时天元术的基本理论。而平阳（今临汾）人李德载是当时数学领域天元术向四元术，也就是开四次方程算术演进过程中一位极为重要的代表。此外，蒋舜元著有《应用算法》，王翼著有《算术》等，皆为当时十分重要的数学著作。

明清，山西地区出现了一个数学兴盛的时期。在光绪时的《山西通志》中就提到了近30位数学家。如阳城王国光、屯留申九宁、寿阳袁万里、榆次董化时等。而最具影响的是明时汾阳王文素，著有《新集通证古今算学宝鉴》，简称《算学宝鉴》，共42卷。王文素出身晋商之家，随父经商，矢志数学，用30年时间著成此书，为数学中之纯粹而精益者，成中国古典数学之巨著，所谓循九章之古制、承宋元之先河，选精集萃、博古通今，为当时数学之最高水平。其解高次方程的方法较英国霍纳、意大利鲁非尼早200多年；解代数方程的方法早英国牛顿、拉夫森140多年。他在16世纪时已发现导数，早欧洲一个世纪。在国内数学界，其数学理论亦早程大位半个多世纪。在数学领域，傅山帮助晋商创建了一套简单明了的商业会计法"龙门账"，初步奠定了会计学的基础。清时，阳城人张敦仁著有《辑古算经细草》3卷、《求一算术》3卷、《开方补记》8卷，其数学成就主要表现在对天元术与求一术的研究方面。另一位重要的数学家是垣曲人安清翘，先后撰有《数学五书》《数学指南》《几何原本补正》《周易比例》等。其《数学五书》对割圆术的计算有积极的改进。世界上有明确记载的地震是《墨子》所言之舜时的蒲坂地震，平陆季元瀛以基本统计学的方法推算出大地震发生的周期，以及气象、动物等与地震的关系，著有《地震记》，对地震之规律进行了客观的推断与总结。

与农业发展紧密相关的是水利技术。传说中有许多关于大禹治水的记载。被视为治水英雄的，还有一位是台骀，他生活的时代大约在黄帝之后、大禹之前。其主要功绩是疏导汾河、洮河，修筑堤坝以治理水患，由此被尊为汾水之神。台骀的治水活动，规模应该比禹小很多，只是区域性的，但也为之后鲧、禹的大规模治水打下了基础，是中国治水活动的先驱。

随着社会生产力的发展，人们对生产生活的需求不断增长，需要更多的土地用于种植，治水成为改善生产活动、提高生活水平的重要任务，山西地区的水利工程日渐增多。周时，典型的水利工程已经出现。赵、魏等国均在黄河沿线或其他地区修筑堤坝，建设灌溉系统。

其中晋阳的智伯渠、魏国的漳水十二渠、韩国水利工程师郑国为时之秦国设计开凿的郑国渠都是当时非常重要的水利工程。汉时，河东太守番系组织数万人修建田渠，以河汾之水灌溉晋西南之地。曹魏时期，在沁水修筑了石门渠等等。据史料记载，隋唐时山西的水利工程数目众多，规模浩大，大约有32项，最具影响的如在汾河上兴建渡槽于晋阳城之中城，引晋祠甘水入城，并跨河进入东城，使晋阳城形成了"三城相连，一水中分"的格局。元时在山西开凿了利泽渠、善利渠、大泽渠等。这些水利工程的实施，极大地改善了农业生产条件，促进了经济社会的发展。

山西还涌现出过大批的治水专家，他们在全国各地修筑水利设施，产生了极为重要的影响，最著名的要数都江堰的修筑。战国时期，李冰被秦昭王任为蜀郡太守，征发民工在岷江流域兴办水利工程，极大地改善了这一带的生产条件。其中的都江堰工程2000多年来一直发挥着重要的作用，不仅解决了岷江泛滥成灾的问题，亦灌溉了两岸沿江300多万亩土地，使成都平原成为沃野千里的天府之国。李冰之籍贯史少记，但据近期的研究，被认为是山西运城人。他精通天文地理，勤于任事，长于研究，解决了许多水利工程中的技术问题。除都江堰外，李冰还主持修筑了汶井江、白木江、洛水、绵水等地的灌溉航运工程，并修筑了许多索桥、盐井等，开通了雅安至云南的五尺道，后积劳成疾病逝于四川什邡洛水镇的水利工程期间。李冰鞠躬尽瘁，死而后已，为后人敬仰，是中华民族精神的典范。

元时，晋高平人贾鲁受命治黄，征集民工17万，用半年时间使泛滥的黄河水回归故道。贾鲁著有《至正河防记》，介绍了"有疏、有浚、有塞"的治水方略，是世界上第一部系统实用的水利工程著作。明时，山西夏县人蔺芳任工部都水主事，开通会通河，提出治水之"分流论"；沁水人刘东星任工部右侍郎兼右佥都御史，总理河道与漕运，先后主持了开赵渠、通邵伯，界首二湖之河渠，开徐州至宿迁一带之漕运及连淮河与海河之漕运的加河，其主持的工程艰巨而费用极省，所为必亲历，终积劳成疾逝于治河之所。清时，兴县人孙嘉淦提出开减河引水的治水方略，通过开分洪道来减轻水患。吉县人兰第锡主持参与了许多重要的水利及河防工程，著有《永定河志》《治河摘抄》《南河成案》等水利著作，所创碎石护岸技术是河防史上的重大创举。另一位兴县人康基田，先后在江苏、广东、河南等地主持水利工程，著有《河防筹略》《河渠纪闻》等著作，有"束水攻沙""放淤治堤"之治水理论。浑源人栗毓美，长期主持黄河中下游水利工程，著有《治河考》《砖工略》等，创造"抛砖筑坝法"，为中国治河史上一项极为重要的堤防技术，其所筑之堤坝在民国年间仍然使用。栗毓美治水亲力亲为，勤勉谨敬，家无余财，事必所成，被誉为"河臣之冠"，终累逝于任上。

这些治水英杰不仅长于施工，且多有理论建树，他们视治水为志业、勤勉敬业，有大禹之风，对社会生产的发展、国家治理的改善、民族精神的弘扬发挥了极为重要的作用。

随着农业生产的进步，社会财富得以积累，以手工业为主的工业生产得到了发展。大量的考古研究发现，至少从仰韶文化中已经能够看到专业作坊出现，一些规模颇大的工业生产如青铜铸造业得以发展。

大约距今6000年的夏县西阴遗址中发现了一枚被人工切割过的蚕茧，专家研究认为，这种经过加工的蚕茧应该标志着蚕丝业的发展。特别是在西阴遗址中还发现了许多陶纺轮与石纺轮，以及骨锥等纺织器具。结合西阴附近的考古发现，以及关于黄帝之妻为西陵氏之嫘祖的传说，专家认定在西阴文化时期，这一带已经发展出了比较成熟的养蚕与丝织业。但在早于西阴文化大约1000年的时候，翼城枣园等遗址中也发现了陶纺轮与许多带有布纹印痕的陶钵，这说明在距今7000年左右的时期已经出现了比较发达的纺织技术。尽管还不能断定这些纺织品是丝绸，但可以肯定的是这一时期的织布技术已经形成。秦汉时期，纺织技术得到较快发展，在平朔汉墓群等遗址中发现了残破的丝织片。北魏时期，手摇的缫车与纺车得到推广，脚踏纺车得到了较多使用，多综多蹑花织机也进行了技术改造，提花技术得以普及。隋唐时期，山西的纺织业也极为发达，是当时的纺织中心。宋元时期，山西官府纺织作坊很多，遍布全省。万泉（今万荣）人薛景石著有《梓人遗制》，介绍了罗机子、华机子、立机子、小布卧机子等，为中国古代重要的科技著作。明清时，山西与江南、四川为全国三大丝织产区，尤以潞绸最负盛名。在太原、榆次一带，棉织业得到较大发展，榆次大布十分著名，被销往西北各地。

制陶技术的出现对人类的意义重大。山西应该也是陶器的故乡，这里发现的最早的陶器在翼城枣园遗址。随着技术的进步，烧制方法不断改善，据考古研究，在晋南各地发现了许多陶器与陶窑，可以证明烧制技术的进步，如快轮制坯代替了手工制作，陶窑结构也发生了改变，斜穴窑代替了横穴窑。至西周时期，出现了烧制的釉陶，而石灰釉的使用亦使陶瓷技术得到了明显提高。在侯马发现了东周时期的烧陶窑址，其窑密集，规模较大，不仅制作生活用陶，还发展到建筑用陶等领域。在一些窑中还发现了陶炉条，显现烧制技术得到了进步。至秦汉，建筑用陶占据了制陶业的较大比例，冶铸用陶也比较广泛，特别是砖瓦的烧制比较发达，成为官府重要的手工业部门。在技术上，铅釉陶出现，琉璃瓦被广泛使用，山西成为中国琉璃艺术之乡，是中国最重要的琉璃生产地。隋唐时期，中国陶瓷业进入瓷器阶段，特别是唐三彩的出现影响重大。考古发现山西一带的唐代窑址有数十处之多。宋元时期，在太原设有官窑。金时山西境内的大小窑址有60余处，据载，太原一位瓷器专家陈格发明了似年轮的木理纹瓷。烧制技术在此时亦有新的发明，出现了"覆烧法"与"火照"。元时山西的琉璃生产极为重要，琉璃被大量用于建筑装饰，如运城之永乐宫。元大都之兴建，由山西籍赵姓匠师主持了烧制琉璃的官窑，在大都形成了琉璃制造工艺的山西系官式做法。

单纯就考古发现而言，陶寺遗址的青铜器是比较早也比较集中的。此前各地发现的时代较早的青铜器物不仅少，且非常分散。从典籍记载来看，《史记》中已有黄帝"采首山之铜"的说法。这里的首山就是首阳山，在河东之永济西南，为中条山一脉。而晋南恰是铜铁矿藏十分丰富的地区。神话中也提到蚩尤有铜头铁额，应该是蚩尤部族掌握了铜铁铸造技术，使用了铜铁护面等金属器具。这些记载似乎在说明晋南地区已经出现了比较成熟的铸铜以及铸铁技术。同时，在晋南一带也发现了许多铜矿与铸造遗址。这些均可证明青铜制造技术即使不是起源于晋南一带，至少在这一地区也得到了快速发展，并使晋南一带及其出产青铜器成为中国青铜制造的重要基地与代表范型。尽管对于中国的铸铜技术是不是从中亚传入还有不同观点，但至少很可能在传入中国内地，特别是中原地区之后，其铸造技术发生了飞跃。美国著名的东方学家拉铁摩尔就在其《中国的亚洲内陆边疆》中讨论了这个问题，他认为农业经济的特别发达造成了社会的分化，这种社会形态虽然不能独立地发现金属品的使用，却可能从别的地方学到原本简单的技术，并迅速地改造提高。从陶寺发现的青铜器来看，已经出现了复合范铸造技术。其证据就是一件铜铃。因而，这里的青铜器也被专家认为是首开东亚大陆利用陶质复合范铸造空腔器物和容器的文化传统之先河（许宏：《东亚青铜潮：前甲骨文时代的千年变局》，生活·读书·新知三联书店，2021年，第32页）。此外，在陶寺发现的齿轮形器与铜璧形器显现出极为标准的设计与相应的铸造水平，为之后的规模化与标准化铸造奠定了基础。在绛县古绛镇西吴壁，考古学家发现了夏商时期的冶铜遗存，其中最具典型性的是冶铜炉。在中条山腹地及周边地区，发现了几十处铜矿及冶炼遗址。在晋国墓葬中发现的车马坑中的战车，其车轮就具有统一的规格，显现出生产的工业化模式。而在今之侯马发现的晋国铸铜遗址，其规模之大、生产流程之完善，以及遗存的陶范之丰富可谓蔚为大观，证明在山西存在着高度发达的铸造技术与生产规模，这一遗址也是目前发现的世界上唯——处保存有完整铸造流程与工艺的铸铜遗址。荀子曾在其著作中描述"刑范正，金锡美，工冶巧，火齐得"，应该是对当时青铜铸造技术的高度概括。

山西也是中国最早出现人工冶铁的地区之一，灵石旌介商墓中出土了铁刃铜钺，被认为是最早的陨铁制品。虽然我们还不能确定这就是最早的铸铁成品，但至少可以证明在大约公元前14世纪的时候，中国已有铁制品出现。大约公元前6世纪的时候，中国人发明了液态生铁冶炼技术，能够使铁矿石源源不断地变成铁制品，全面更新了生产工具。这种技术比欧洲早2000年左右。《左传》记载了范宣子铸刑鼎的史实，这里的鼎反映了晋地铸铁技术的进步。春秋时期，晋地铁器的使用极为广泛，常用的工具如镬、铲、刀、镢、斧、镰、锄、犁等均为铁制品。秦汉时，山西很多地区如左云、襄汾、夏县等地出土了铁器，显示这一时期已经出现了锻铁技术，使用了化铁炉及浇灌技术。北魏时期，兵器生产成为晋地最重要的手工业部门，太原、盂县等地是重要的兵器生产基地，灌钢、炒钢与百炼钢技术出现。隋唐时期，晋地金属制造技术得到了快速发展，最典型的制品如当时的铜镜、剪刀、钱币，特别是黄河蒲津渡的铁牛等。杜甫曾有诗云"焉得并州快剪刀，剪取吴淞半江水"，可见当时太原所产剪刀影响颇重。在8世纪时，唐之官营铸钱炉共99个，山西绛州就有30个，降州是当时的铸币中心。这一时期青铜合金中铅与锡的比例加大，所铸铜镜更为光滑。据说发明于春秋的失蜡法铸造在唐时得到广泛使用。宋元时期，"河东民烧石炭，家有囊冶之具"，说明这一时期冶炼业已经非常普遍。山西也是宋之四大铁矿中心之一，亦为当时之铸造铁钱的中心之一，在晋州即今临汾与泽州都设有铁钱监，在太原设有河东监。在大同云冈石窟窟顶发现了辽金时期的铸造工场，其中有铸造井台及30余座熔铁炉遗址，是为目前国内保存最完整的辽金铸造工场。明清时期开始使用焦炭冶铁，创造了地下土圆炉炼钢法，这些技术推动了机械制造业的发展。长治一带的"潞锅"非常有名，大同、临汾等地生产的"红夷炮""牛腿炮""万历炮""崇祯炮"等大型火器威力极大。由应县工匠师翱所制之铳可连击三发，射程在300米外，这也是中国历史上最早的轻型自动火器。

　　手工业的进步还体现在许多方面，这既与技术的进步有关，也与特定地区的物产有关。从某种意义讲，河东盐池是中华民族之血，它天然生成在中条山脚下，在南风到来时自然形成可供人们食用的盐，人们不需要借助复杂的工具与技术就可以采集。这为占有盐池的族群提供了宝贵的战略资源。至唐时，山西出产的盐产量高、获利厚，制盐技术也发生了变化，出现了垦畦浇晒法。宋时，垦畦实现了耕田化，可在众多的盐池间实现轮作。清时，人们创造了打井浇晒法，出现了熬制土盐的方法。山西的地下资源非常丰富，在沁水下川遗址中已经发现了石炭，距今1.6万余年，在夏县禹王城的冶炼手工业遗址中发现了炭灰粒，在长治分水岭战国墓葬中发现随葬铜器被煤炭压碎的现象，在平朔汉墓群中发现了积石积炭墓，大量的考古发现证明，至少在1万多年前，山西一带已经开始了对炭的使用，至少在战国时期，这里的人们已经开始用炭来冶炼铜铁。汉时，晋地之铜矿开采由政府管理，这一方式一直延续下来。北魏时期，大同一带以及晋南地区多有铜矿。隋唐时期，山西冶铁工场占全国百分之三十多，绛州为最大的产铜地。这一时期，中条山拉开了大规模开采铜矿的序幕，对煤炭的开采也进入了比较普遍的时期。太原之西山附近曾发现了一批唐宋时期的古窑，稷山马村金墓中有堆积的煤与焦炭。至明清，煤炭的开采规模及技术均有很大的进步，基本形成了早期矿井的形态。明初，全国有官营铁冶所13处，山西即有5处。德国学者李希霍芬曾言，在欧洲的进口货没有侵入前，有几亿人是从凤台即今晋城取得铁的供应的，晋城大阳生产的针供应了这个国家的每一个家庭。

农业的进步推动了手工业的发展，亦带动了技术的进步，社会财富进一步增加，人类的居住条件逐渐发生改变，最重要的是出现了城。在山西已经发现了能够反映出人类居住不断进步改善的完整线索。据传说，吕梁石楼的石楼山即为有巢氏的栖息地，这时人类开始在地面搭建简陋的巢穴。在很多地方如芮城东庄、娄烦童子崖、翼城北橄等地发现了早期的房屋遗址，多为土木结构，是中国建筑的基本类型，亦有地穴式房址，这种建筑遗址延续至今仍在使用。最重要的是在陶寺发现了距今4500年左右的都城，其面积有280万余平方米，是目前发现的最早最大的典型城市遗址之一，其中的城墙、城阙、瓮城均显现这一都城规模浩大。都城中存留的文化元素极为丰富，是华夏文明形成的典型例证。在更多的地方，如夏县东下冯遗址中发现了应该是夏代之城市遗址；在垣曲发现了商代城址，被认为是古史传说中"汤始居亳"的亳；在侯马一带发现了晋国新田古都。这些城不仅具有历史意义，亦表现出建筑技术与城市设计规划的不断进步。最具代表性的是由晋国工程师士弥牟规划设计的洛阳西周之成周都城，这是中国建筑史上具有重大意义的创举。

北魏时平城是中国城市建筑的典范，该城在汉平城基础上扩建，有宫城、外城、郭城三重城垣，在其四方又建有四宫，同时引浑水及其支流武川水穿城而过，是我国古代引水穿城规划理念的肇始。整个城市规制，三城相套、四宫相护、一水而过，十分罕见。唐时最典型的城市是晋阳古城，该城始建于春秋，唐时达到顶峰，由东、中、西三城组成。汾河东岸建有东城，与之相连为中城。中城横跨汾河，连接东西两城。西城建于汾河西岸，城内建有宫城、新城、仓城。三城成"品"字形结构被城墙环护，汾河水穿中城南北延展。同时，修晋渠引晋水入西城过中城至东城。整个晋阳古城里三城外三城，三城相连；城中有城，城外连城；一水相连，跨河成城，为中国建城史上极具特色的典范。明清时期城市建筑的范例是平遥古城，该城始建于周，重建于宋，扩建于明，续建于清。其设计体现中国传统文化理念，参照儒家思想与体制，显现出建筑与哲学、人文与天文、现实与理想的高度统一，为联合国教科文组织确定的世界文化遗产，是明清时期中国城市建筑的经典之作。

山西各地之古代城市各具风貌，民居建筑也颇具特色，目前存留最早的为元代建筑，现在能够认定的有7处，分别为晋城高平中庄村与西窑头村姬氏民居、南杨村贾氏民居、北诗镇元代民居大门与阳城上庄村下圪坨院"一院三座"元代民居。此外，山西仍然存有非常丰富的古堡建筑，如介休张壁古堡、沁水湘峪古堡、阳城润城古堡等。在阳城还存留有清时皇城相府民居，呈城堡式建筑。而散布各地的大院各有千秋，著名的如乔家大院、王家大院、渠家大院、常家庄园等。相应地，山西也是存留古村落最多的地区。古代中国，多种因素的作用，出现了修筑环护某一地域之长城的文化现象。最早的长城为战国时代的三晋之韩赵魏所筑，它们地处黄土高原，与北方游牧族群相邻。与其骑兵相比，韩赵魏三国之车步兵处于移动、冲击等诸多方面的弱势，而修筑长城一个最明显的效应是能够阻挡骑兵的突袭。之后基本上可以说历朝历代山西一带均建有长城。山西存有不同时期、不同修建目的与形制的长城2500余公里。至明时，山西境内的长城已蜿蜒千里，纵横交错，蔚为大观，山西成为长城资源最为集中也最为丰富的地区，其中的雁门关、宁武关、娘子关、平型关等不仅在军事上具有极为重要的战略地位，在古代建筑中也具有典型的代表性。

山西是中国古代建筑的博物馆，这些古代建筑不仅数量庞大，且类型多样、品质卓越，很多古建筑具有独特的文化意义。首先是各种寺庙宫观，在山西各地均有许多，如大同周边、五台山、太原，以及晋南、晋东南等地均存有丰富的极具文化意味的相关建筑群。五台山佛光寺、南禅寺，芮城广仁王庙，平顺天台庵四处，是我国目前存留最具代表性的唐代地面木构建筑。大同浑源的悬空寺最早建于北魏太和年间，距今约1500年，现存为明清两代修缮的遗物。整个建筑以半插横梁为基础，形成完整的木质框架结构。其选址之险、建筑之奇、结构之巧世所罕见，被誉为把力学、美学、宗教融为一体的杰作。应县木塔，即佛宫寺释迦塔，建于辽清宁二年（1056），为世界上现存唯一最古老最高大的木塔。我国现存宋辽金及其之前的地面木构建筑，山西有75%以上。

道路桥梁的建筑在山西也有非常重要的遗存。永济古蒲津渡铁索浮桥为唐时遗构，其桥锚为由生铁铸造的铁牛、铁人等。该桥设计非凡，是我国古代桥梁技术、铸造技术、雕塑技术有机融合的典范。建于宋代的晋祠鱼沼飞梁桥，四面通岸，形似飞燕，造型优美，为世界桥梁史中仅存的孤例。明清时期存留之桥较多，以晋城之迎旭桥、襄汾之通惠桥、平遥之惠济桥、大同之普济铁索桥，以及右玉万全桥等为代表。在黄河沿岸的山西地带，还发现了许多古栈道，如平陆三门一带的黄河栈道，依山开凿，插以木梁，梁上铺板，形成道路。据发现的栈道岩壁中东汉建武十一年（35）时的题记，研究者认为这些栈道至迟应该在西汉时期已经开始使用，而在唐时开凿尤巨。

山西之园林建筑也佳作多多，许多古城、大院都配有园林。除晋祠外，绛州古衙后面的绛守园池距今已有约1400年的历史，是我国现存最早的有记载的古代园林建筑。绛园把江南园林特色引入北方，体现了天地人浑然一体、自成一格的理念。在山西也存留有众多的古戏台，据统计有3700余座，其中最古老的戏台为金元时期所建。如高平寺庄镇王报村二郎庙金代戏台就是我国发现最早的木构戏台，临汾魏村牛王庙戏台是我国现存最早的元代戏台。

与人们日常生活有关的技术发明在山西也非常多，这些技术极为重要地影响了人们的生活，改善了人们的生存条件。如木制漆器是中国最重要的发明之一。在陶寺遗址中已经发现了漆器，说明至少在距今四五千年的历史时期，漆的使用已经处于比较成熟的阶段。春秋时期，漆器已经发展到比较繁荣的阶段。至汉，其产量与规模、技术均出现了飞跃，已经开始使用油类渗入漆中，以增加漆器的光滑度。这一时期，漆器的装饰技术也得到了较大的发展，主要有镶嵌、螺钿、金银平脱、扣器、堆器与戗金等。山西地区的酿造技术也出现很早。在仰韶文化遗存中发现了大量的小口尖底瓶，这成为仰韶文化的重要标志。有研究者认为，这种形制特殊的器皿就是用来发酵液体饮料。也有人将这种瓶的出现视为酒的出现之佐证。史籍中记载的酒类产品，仅《齐民要术》中就有40余种，其中出产于永济的桑落酒最为知名。芮城被称为"仙酒"的酒也极负盛名。北齐时，汾酒被称为"汾清"，已经受到人们的喜爱，莫不以争先一酌为快。有研究者认为，汾酒源于2000多年前的黄酒，亦被称为"羊羔酒""汾州乾和酒"等。至唐，汾清之制法从过滤转变为蒸馏，此亦在《天工开物》中有较为详细的记载。北魏时，山西地区已经出现了葡萄酒。唐宋时期，晋地之葡萄酒极具盛名。明清时期，山西地区的酿酒业得到了较快发展，各地均办有酿酒作坊。与酒相伴的酿造产品是醋，周时已有专人在贵族家庭中负责制醋。《周礼》中设有醯人一职，负责食物之调料制品，其中包括醋与酱等，以供祭祀与接待宾客。醋不仅是一种调味品，同时也具有药性，可用来消毒。晋地医药之业在历史上占有重要地位，传说炎帝尝百草以救民，似可视为最初的医药事业。在陶寺等地的住宅遗存中发现了石灰、炭灰等用来装饰或铺垫，说明人们已经能够采取相应的措施来预防疾病的出现。《吕氏春秋》中记有陶唐时民"筋骨瑟缩不达，故作为舞以宣导之"。晋国迁都，人们认为郇瑕氏之地土薄水浅，易染疾病，故决定将国都迁往新田。明时，太谷创办广盛药店，用宫中秘方制龟灵集，清时又制定坤丹。傅山为明末清初之医学泰斗，在中医理论与实践中有众多的建树，著有《大小诸证方论》等，特别是他的专科著作《傅青主女科》《傅青主男科》等影响深远，至今仍然为专科所学之必读之作。

山西的造纸业亦极发达。北魏时，山西是中国北方的造纸中心。

隋唐时，山西的造纸技术得到发展，出现了加工染色的纸张，蒲州所产之百日油细薄白纸为贡纸。宋金时期，晋南为全国纸张的生产中心，亦为最重要的印刷中心。稷山所造之竹纸、平阳（今临汾）所产之麻纸远近闻名。平水版木刻及所印之书籍影响广泛，平阳为金时四大刻书中心之一，平阳一带书局多有精品流传。据说在甘肃发现的南宋时期平阳木刻年画《随朝窈窕呈倾国之芳容》，亦称"四美图"，所刻为王昭君、赵飞燕、班姬、绿珠四大美女，其线条流畅细腻，构图丰满华丽，一派清穆之风，为目前收藏的最早的木刻年画。《赵城金藏》由宋时潞州（今长治）崔法珍高士断臂募化，历数十年终在金时于解州（今运城市盐湖区解州镇）之静林山天宁寺刻成，用30年完工，后藏于赵城（今临汾市洪洞县）广胜寺，为我国宋代第一部木刻版大藏经《开宝藏》的覆刻本，共682帙、6980卷、6000多万字，汇集佛经、史料，其字体刚劲、雕刻工整、纸质优良、印刷清晰，今存4000余卷，全世界仅此一部，可谓稀世瑰宝。

第七节　文学的沃土

随着社会生产力的发展、文字体系的完善以及书写工具的进步，人们有更多的可能把自己的思想、感受记录下来，我们也因此有可能更具体地了解到历史演进中文学的基本样貌。这对于人类而言，是一件非常大的幸事。据传说，在伏羲时代已经出现了文字，伏羲氏曾作《驾辨》《纲罟歌》等，但已不可考。炎帝时作有《扶徕歌》《丰年之咏》《蜡辞》等。黄帝时代，据说已经出现了《云门》《大卷》等乐舞。但今天我们已经不可能看到当时乐舞演出的盛况。如果那一时期的乐、舞、诗为一体之作，《云门》《大卷》等就应该包含了诗的内容，不过亦不可考。据说这一时期还有《渡漳歌》《铙歌》《金人铭》《椆鼓之曲》等。之后，历代均有相关作品出现。按照通常文学史的介绍，今天我们能够看到的最早的文学作品之一，是尧时的《击壤歌》，这首诗不仅时代久远，而且非常典型地体现了中国诗歌的基本审美品格——人与自然的统一、对现实生活的表现、情感与理念的相融、意象与比兴的共存、道德教化的体现等等。这似乎成为中国诗歌的基本规范，应该是今天我们能够看到的最早且最具代表性的文学作品。

据说《击壤歌》所描写的生活就发生在今山西之临汾。尧时的文学作品似应更多，比较著名的还有《康衢谣》《尧戒》等。史籍有尧作《大章》、舜作《大韶》、禹作《大夏》的记载。至舜时，《南风歌》传世，以南风吹过中条山而古盐池开，可解民之愠、阜民之财，表达了舜对民生的关切。《卿云歌》则表达了上古先民对美德的崇尚，以及圣人治国的政治理想。此外还有《股肱歌》《载歌》等。传说舜曾命禹作《九招》。禹时有涂山氏作《候人歌》，表达其对丈夫大禹的思念。这些作品因其代表人物多以晋南一带为主要活动地，故至少可视为与山西有关的文学创作。

先秦时期中国文学集大成者为《诗经》，这是我国第一部诗歌总集，具有划时代的意义，标志着中国文学步入成熟的阶段，亦开启了中国文学能够以文字记载的新时期，对后世产生了深远影响。《诗经》共收录西周初年至春秋中叶的诗歌311篇，其中的6篇为笙诗，有题无文。其作者多无考，传为尹吉甫采集，孔子修订，子夏所记。今本为毛诗，为赵人毛亨、毛苌所传授。这部诗歌总集分《风》《雅》《颂》三部分：《风》为周时各地之歌谣，计有十五国之风；《雅》为周之正声雅乐，分《大雅》与《小雅》；《颂》是周王室与贵族祭祀之乐歌，有《周颂》《鲁颂》与《商颂》。其中的《风》收录了包括《魏风》《唐风》在内的十五国民间歌谣。古魏与古唐均在今晋南一带汾河流域，故这些歌谣可视为山西地区的诗作。其中《魏风》7篇、《唐风》12篇，如《园有桃》《十亩之间》《伐檀》《硕鼠》《蟋蟀》《山有枢》《扬之水》等均为名篇，影响广泛。由于《诗经》所收之作对现实生活的反映极为深刻，被视为是中国文学现实主义创作的第一座里程碑，其中的《风》更是中国现实主义诗歌的源头。而其艺术表达，特别是赋、比、兴的运用，亦成为中国诗歌创作的基本手法，它们对中国文学的发展产生了极为深远的影响。

随着社会生活的不断丰富，文字运用的不断强化，中国古典诗歌在体例上出现了变化，从二言至四言，以《诗经》为代表，出现了四言诗的成熟与兴盛。在汉时，五言诗兴盛。这种变化亦与民间歌谣的影响有关。至唐，中国古典诗歌大放异彩，进入辉煌时代。从其形式而言，除五言诗外，七言诗亦极具代表性。宋时，诗歌语言进一步得到解放，出现了词这种形式。而元曲的出现亦与诗歌内容表达的要求相适应，其语言显现出更为鲜明的生活化特色。总的来看，中国古典诗歌的形式逐渐多样，语言样式呈现出由少向多、由讲究规制向打破旧制形成新制的转变。在这一过程中，山西诗人做出了重要贡献。

汉时诗歌衰微，所作不多。山西地区之诗歌亦显现出凋零之态。唯汉乐府多采民间之作，续《诗经》之华彩，使诗歌之精神得以延续。据《汉书·礼乐志》所载，汉武帝"立乐府，采诗夜诵，有赵、代、秦、楚之讴"。赵、代之地与山西渊源颇深，应有许多诗作，然时间久远，其作者多不可考。但汉时山西地区亦有杰出之诗。祖籍娄烦之班氏一族，多有诗人，如班固有《东都赋》，最著名的是女诗人班婕妤现存有五言诗《怨歌行》《自悼赋》《捣素赋》等。在文学史上，当时与山西有关的，产生重要影响的还有汉武帝之《秋风辞》、曹操之《苦寒行》等。此外，一些诗人之作亦涉及山西，如张衡之《四愁诗》、陈琳之《饮马长城窟行》等。至南北朝时期，民歌仍然最具光彩，所谓乐府产生于汉、极致于南北朝，当时与山西有关的民歌，最著名者如《木兰诗》《敕勒歌》等，均影响广泛。

唐时，山西诗人不仅数量众多，其作亦多传世。在诗歌形式的创造方面，山西诗人之贡献极其重要。由北朝至隋入唐，山西多有诗人被称颂。河东汾阴（今万荣）人薛道衡，被认为文才"无竞一时"，是隋时最重要的诗人。隋唐之王氏三兄弟王通、王度、王绩各有创建，尤其是王绩，绛州龙门（今河津）人，开唐之山水诗的先声，亦是对五言律诗进行了初步探索的诗人。产生重要影响的"初唐四杰"之王勃亦为山西绛州龙门人，他首先提出反对齐梁绮丽余风，受到了杨、卢、骆的支持。在他们的倡导与努力下，诗歌开始从宫廷转移到了市井，从台阁转移到了山水大漠。题材得以拓展，形式亦发生了积极的变化，五言八句的律诗开始初步定型，亦是七言古诗发展的成熟。武则天时期的宫廷诗人宋之问是山西汾州（今汾阳）人，其作讲究格律，最为严谨，与沈佺期并称为"沈宋体"，是律诗定型化的杰出代表，为唐之诗词声律化做出了重要贡献。

唐时最著名的诗人有李白、杜甫、白居易与王维。其中的王维为太原祁人，后父迁居至河东蒲州（今永济）。其诗以田园山水为最，人称其诗"诗中有画"，是唐田园诗之代表。王维亦多有边塞诗作。而太原人王昌龄、王之涣、王翰是极具影响的边塞诗人。祖籍太原的白居易是唐诗之新乐府运动的主将，开一代诗风，与元稹合称"元白"。其作关注民生，妇孺能和，影响极为广泛。"大历十才子"是唐代宗大历年间出现的一个诗歌创作群体，指当时比较著名的10位诗人。其中的蒲州（今永济）人卢纶被视为十才子之冠，其作多五、七言近体，尤以边塞诗著名。晚唐时与李商隐齐名的太原祁人温庭筠，在诗作之余创作中了大量的词，被视为唐时第一个专业致力于词作的诗人。其词多写离愁、闺怨、相思，长于抒情，被称为"花间鼻祖"，对宋词之兴盛产生了极为重要的影响。唐时山西诗人众多，在此不能一一列举。据说《全唐诗》收录了2200余位诗人48900百余首诗，其中三晋诗人100多位，约占二十分之一；诗作4000多首，约占十分之一。晋籍诗人不仅数量众多、作品影响大，在唐诗发展进程的关键环节亦做出了非常重要的贡献，如河汉之灿烂，熠熠生辉，光照千秋。

宋辽金元，时局纷变，山西处于各政权博弈的焦点地区。宋时山西的著名诗人有文彦博、司马光等。汾州介休人文彦博，身居高位，常亲临前线，多荐举人才，其诗写边关事务，有边塞之风，亦多咏史之作，借景抒情。其长律如苏轼所言，"无一字无考据"。河东夏县人司马光亦为宋诗大家，其诗作社会民生、思古忧今，皆有涉及。南宋时，解州闻喜人赵鼎被誉为爱国词人，开辛弃疾辛派词之先河，与阳曲人王安中均为南宋豪放词派的奠基之人。辽金时期，山西，特别是其北部为文化中心，聚集了大量的文人学士，多有优秀诗词之作。而最能体现金之文学成就的是太原秀容（今忻州）之元好问。元好问身处乱世，跨金元二朝，其诗作多写丧乱山水，尤以《论诗绝句》三十首影响为最。其词兼豪放缠绵两派于一体，多有传世之作，所编《中州集》为金诗之汇总，《中州乐府》为金词之汇编。而汇集金之史料的《壬辰杂编》是撰修金史之重要参考史料。金元之时，山西出现了一个极具影响力的文人群体，被称为"河汾诸老"，包括永济麻革，临汾张宇，临猗陈赓、陈庚兄弟与房皞，稷山段克己、段成己兄弟与应县曹之谦等八人。他们的诗歌对元代复倡唐代诗风产生了重要影响。元时影响重大的山西籍诗人很多，其中的郝经、萨都剌、张翥最为著名。萨都剌是元中后期诗坛杰出之诗人，其先世为西域色目人，随父祖驻守代州，有"雁门才子"之誉，著有《雁门集》传世。

明清之际，傅山具有特殊的地位，其诗求古朴雄健之美，有悲慨苍凉之感。在诗歌创作中产生重要影响的是寿阳人祁寯藻，他因为道光、咸丰、同治三帝授书而被称为"三代帝王师"。祁寯藻嗜诗如命，有《馪飤亭集》存诗2000余首，是鸦片战争前后兴起的清代宋诗派的代表诗人。时人认为，有清200余年间居高位而领诗坛者，康熙时为王士禛，乾隆时为沈德潜，道咸间为祁寯藻。当时在诗歌创作上颇有建树的还有徐继畬、张穆、杨深秀等。

通观三晋诗歌，最突出的特点有三：一是关注现实民生，可谓不同历史时期的诗史；二是艺术风格多样，往往开一代之风气；三是对诗体贡献突出，多有承上启下、除旧布新、定规制矩、号令群雄之用。

大致来看，通常意义上的"文"可分为三类：一是诸子之文，包括历代思想家的著作；二是史传之作，主要体现在历史著作方面；三是其他之著，包括术有专攻的学术研究著作、游记、通常意义上的散文或小品文与话本、传奇、小说等等。中原地域由于所处位置及其生产方式的特殊性，形成了独特的思维方式与语言表达方式及与之相应的文学形态，其最突出的特点就是今天意义上的文、史、哲不分，即研究哲学等基本理论的著作亦具有鲜明的文学性与历史意识，而那些流传千年的历史著作，不仅体现了当时的哲学思想，亦具有突出的文学特色。所以，诸子之作亦可以视为文学作品，历史著作也具有突出的文学性。而那些被视为文学的作品，当然也具有明显的哲学意味与历史意义。

就山西地区而言，叙事论理之所谓散文亦多有极重要之作。首先，我们要注意到的是被视为神话与传说的作品。这些作品大多在相关的著作中存留，如诸子之作、屈原之骚，以及《山海经》《穆天子传》等。这些神话与传说多与山西有关，如女娲补天、精卫填海、愚公移山、后羿射日、大禹治水等等。虽然我们不能说它们是由山西人创作的，但可以认定其中所言之人事与上古时期的山西地区有关。这些作品也是中国叙事文学的肇始。

其次，比较典型的是先秦以来出现的小说家。小说家为诸子百家之一家。班固在其《汉书·艺文志》中曾言，"小说家者流，盖出于稗官。街谈巷议，道听途说者之所造也"。其作多佚。但班固将15本著作编入小说家名下，并为之作注，其中有《伊尹说》27篇、《师旷》6篇、《黄帝说》40篇等，应多与今山西有关。而可确证为晋籍者是师旷。作为小说家著作的《师旷》表现了师旷的思想、性格与学识，其所言之人物形象十分生动。在魏襄王墓中曾发现了若干古籍，其中有《琐语》与《穆天子传》等。《琐语》为东周时流传于三晋一带的人物故事，传由晋人辑录成书。而《穆天子传》则是一部非常重要的历史著作，但也有人认为是一部传说性质的小说。这部著作描绘了穆天子西巡的经历，其中非常重要的部分就是从成周洛阳出发之后翻越太行山，在山西境内的旅程。两汉期间，晋地敢死之武将很多，而善书之文士稀少。至魏晋时期，出现了众多晋籍文学世家，令人瞩目，其中如太原王家，有王昶、王沈、王浑、王济、王浚等；闻喜裴家，有裴茂、裴潜、裴秀、裴楷等；太原中都（今平遥）孙家，有孙资、孙楚、孙盛、孙绰、孙统等；河东安邑卫家，有卫觊、卫瓘、卫恒等；还有平阳襄陵（今襄汾）贾家，有贾充等。南北朝时期，山西出现了许多文学名家，除上面所言外，郭璞、刘琨等影响较大。

再次，唐时，文学兴盛，除众多产生重大影响的诗人外，晋籍文学家亦多有非凡之举，其中的柳宗元倡导古文运动，为划时代之举。

柳宗元不仅诗文并佳，亦为中国历史上极为重要的政治家与思想家，有进步的历史观与朴素的唯物主义精神。他与韩愈共同发起了古文运动，提倡改革文风，文道合一；改革文体，破除骈体，恢复秦汉语句形式，不拘一格；改革语言，务去陈言，辞必己出。他们以复古的名义来推进文学的革新，所针对的是汉魏以来的陈梁艳体，希望能够以儒家思想振兴中唐社会的思想革新。其文存留甚多，以寓言小品、人物传记及山水游记与大量的思想性政论文章影响最重。中唐古文运动的出现，使中国文学冲破了烦琐艳俗的形式主义窠臼，向生动、鲜活，言而有意、文质并具，文以载道、返归自然的方向发展，具有极为重要的意义。

南北朝以来，叙事文学得到了新的发展，这就是出现了一种粗具小说形态的作品，其中尤以干宝之《搜神记》为代表的志怪小说、刘义庆《世说新语》为代表的志人小说最具影响。在此基础之上，唐传奇出现，标志着中国小说的成熟。被视为第一篇唐传奇的《古镜记》为山西籍河东龙门（今河津）人王度所作。早期的传奇作品多有晋人之作，如河中宝鼎（今万荣）人薛调有《无双传》、柳宗元有《童区寄传》，蒲州人柳珵有《上清传》。除这些单篇作品外，还有一些作品集，如河东（今永济）人薛用弱著有《集异记》、温庭筠有《乾馔子》、韩昱有《壶关录》、柳宗元有《龙城录》等。能够代表唐传奇艺术成就者为祖籍太原的白行简，他是白居易之弟，游历各处，以传奇名，代表作为《李娃传》，其情节曲折，形象生动，标志着中国古典叙事文学的成熟。此外，白行简还有《三梦传》及《天地阴阳交欢大乐赋》等。可见，山西作家在唐传奇的形成发展过程中发挥了极为重要的作用。在唐代传奇中，还有一些以山西地区为题材的作品，如薛渔思的《河东记》、元稹的《莺莺传》、杜光庭的《虬髯客》等。宋时话本兴起，多为说书人之底稿。话本对小说的发展有重要作用，尤其对小说之情节构成、人物形象的塑造有重要意义，然其作者不确难考。至金元，元好问有笔记小说《续夷坚志》存世，收集了金后及元初人事，可视为志人小说或轶事小说，亦有可归为志怪小说之列者，为金时唯一流传下来的小说集。

明清时期，叙事之小说呈蔚为大观之势，传世之作迭出，除《金瓶梅》《红楼梦》等外，《三国演义》《水浒传》《儒林外史》等长篇小说亦具有深远影响，是中国文学最重要的收获。这一时期的短篇小说也非常兴盛，如《聊斋志异》等亦为中国文学之瑰宝，它们均产生了极为重要的国际影响。而太原人罗贯中就是这一时期最为重要的作家之一，其作有杂剧多种，今传有《宋太祖龙虎风云会》。最能体现罗贯中创作成就的是长篇小说，除《三国演义》外，还有《残唐五代史演义》《隋唐两朝志传》《三遂平妖传》等。亦有人认为他还写过《十七史通俗演义》。还有研究者指出，罗贯中曾师施耐庵，与施耐庵共同完成了《水浒传》。其《三国演义》依据裴松之所注陈寿的《三国志》与民间艺人之演义创作完成，把我国章回体小说推向成熟的阶段，开讲史小说的新气象。《三国演义》在国际上有重大影响，被翻译成十余种文字在各国传播，被誉为是一部"真正具有丰富人民性的杰作"。至清，晋籍作家中太原人刘璋的长篇小说《斩鬼传》、平阳人徐昆的文言小说集《柳厓外编》等较有影响。

总体来看，山西地区的文学创作在中国文学发展史中具有极为重要的意义。在诗歌之发生、形成与兴盛的各个关键时期，均有山西诗人之贡献。在小说形成、发展与繁盛的不同时期，山西作家的贡献也非常突出。而在戏剧的各个重要发展阶段，山西剧作家的贡献也极为关键。正是他们一代又一代的努力，使华夏之文脉不绝如缕、源远流长。而在文的创作方面，山西作家之贡献尤为引人瞩目。

第八节　艺术的海洋

　　中华文明是一种追求艺术价值的文明，这是由其自然地理条件与生产方式决定的。由于最主要的生产方式是农耕，必须统筹考虑人与自然之间的关系，努力使其处于和谐平衡、相互适应的状态，就要求人适应自然运行的法则，尽可能减少对自然的消耗、破坏，追求内心世界的平衡，以内心的睿智强健与丰富多彩来求得幸福。要实现这样的价值追求，最可能的方法就是艺术——以对自然最小的消耗创造最丰富生动、最具想象力与创造力，且最合于人的价值追求的世界形态。因而，在中华文明范畴中，劳动不仅是美的，且创造了美，日常生活讲究礼乐仪式，追求在满足最基本的物质需求的同时，最大可能地满足精神审美需求。艺术不仅是在生活实践中抽象出来的超越生活的存在形态，也渗透到日常生活的细微之处。中华文明不仅为人类文明创造了丰富璀璨的艺术，而且其存在本身就是一种艺术。

　　山西地区的艺术创作丰富生动，多有开创之功，是中华艺术的重要组成部分。在距今大约2万年的沁水下川遗址中发现了众多的遗存，其中的琢背小刀是代表性器物，显现出当时的人们已经认识到并能够用比较复杂的工艺来使器物更加实用美观。据专家研究，这种工艺出现的时期应该是从旧石器向新石器过渡的细石器阶段。其最突出的特点是采用间接打制法，将打制成品装在骨柄或木柄之上，使其成为复合工具。尽管我们还不能认为这种器具是艺术创作，但无疑其中已经具有了艺术的含义。与此时间相近的吉县柿子滩遗址中，除发现有类似的器物外，还发现了两幅岩画，由赤铁矿之赭红色所绘。尽管由于时间久远，风化严重，但我们仍然能够辨认出，其中一幅类似于耕作，另一幅可能是舞蹈，画作上下以规则的圆点来表示天地，应该是有关人与天地关系的一种艺术表达。这些岩画是人类最早的艺术作品之一。

仰韶时期，制陶工艺最具代表性。山西是仰韶文化的重地，亦是仰韶文化庙底沟类型的渊源之地。这些陶器上的绘画图案不仅具有典型的文化含义，更是先民的艺术创作。在大量的彩陶图案中，一种抽象的花瓣圆点形象被视为花的代表性构图，是华族的文化标识，这种花被称为"西阴之花"。在陶寺遗址中发现了数件彩陶龙盘，上面亦有用黑白相间之抽象笔法描绘的并生弯曲的双龙，它们口衔植物之穗，神态昂扬，显现出腾越欲飞之势，被认为是华夏地区多族群共同崇拜的图腾。此外还发现了大量的玉器，其中多有礼乐器，如璧、琮、环、管、钺、圭、佩、覆面等，尤以玉琮、玉覆面最具代表性。其中的玉覆面，眼睛硕大夸张，头有神冠，与良渚遗址中的玉面人、三星堆中的青铜人头像以及晋地青铜器中的饕餮纹等风格相近，其头有双角，似与神农炎帝部族的羊崇拜有联系。这些均显现出陶寺时期玉器制作工艺的特色及与其他地区文化的联系。

秦汉时期，绘画艺术出现了新的高潮，特别是广泛将绘画艺术用于宫室屋宇与墓葬，突出了政治伦理教化的功用。平陆枣园汉墓所存壁画描绘了牛耕与耧播，是中国最早表现农业生产的绘画作品。在吕梁离石发现的汉画像石亦为当时极重要的雕绘作品。据专家研究，这些作品对奠定中国画的基本规范有重要意义，其作或表现仙境，或描绘人间，质朴豪放，古拙灵动，存留有丰富的历史信息，被誉为是"无字的《汉书》"。

南北朝时期，中原地区与西域之间的交往日渐频繁，特别是平城大同与别都晋阳国际化程度极高。至唐时，以晋阳为代表的北方地区十分繁荣，往来商旅教士络绎不绝，东西文化之交融进入新的阶段。北齐时期娄睿墓与徐显秀墓壁画及九原岗墓葬壁画的绘画风格发生了重要转变，即采用了由西域传入的晕染法来表现人物，使形象更具立体感生动性，画面之明暗对比、冷暖搭配更注重透视层次，在形式上卷轴画的特征更为明显。这些艺术表现手法为隋唐绘画艺术的全面繁荣准备了条件。最重要的是北魏时期开凿的云冈石窟，以其恢宏气象融东西方艺术之精华，被誉为世界文化交流史中的"云冈模式"，其石窟形制、石雕风格及整体布局与技术运用，对敦煌、龙门、大足等石窟艺术产生了重要影响，是人类艺术之精华。

唐人张彦远，山西临猗人，所著《历代名画记》对绘画理论进行了讨论，并记述了历代画家372人，是一部对中国绘画理论与绘画历史进行系统总结的重要著作。唐末五代时，河内沁水人荆浩，别名洪谷子，隐居太行山谷，观山测象，内化自然，为北方山水画派开山之祖。荆浩还著有《笔法记》，为山水画理论的经典之作，提出了气、韵、景、思、笔、墨之"绘景六要"，代表作有《匡庐图》《雪景山水图》等，其作有笔有墨、水晕墨章、大山大水、开图千里。

至宋，祖籍太原，后迁居襄阳的米芾以文人山水画著名，被称为"米氏云山"。其子米友仁，画风随父，人称"二米"。"二米"绘画造诣为人称道，画艺亦自成一格。此外，宋时祖籍河中（今永济）之马远、马麟父子，以及马氏一族，影响颇重，尤以马远影响最大，其画作取舍大胆，长于描绘山之一角、水之一涯，被称为"马一角"。金之晋籍张公佐等，元之朱好古、高克恭等法前人而不拘，自成一体。宋之并州人郭若虚著《图画见闻志》一书，有史论、画传、画事三部分，对唐、五代、宋、辽时期284位画家之作进行了研究，被视为《历代名画记》之续篇。金元以往，山西地区寺庙壁画多有遗存，其中不乏经典之作。永乐宫壁画布局精当、结构恢宏、人物众多、用色丰富，被视为中国壁画艺术之光辉篇章。特别是其《朝元图》，笔力非凡，层次鲜明，为中国古代壁画的经典之作。洪洞广胜寺壁画是元时社会生活的缩影，其中的朝神图、祈雨图，以及表现元杂剧的作品最具代表性，是中国壁画艺术的瑰宝。

与绘画艺术相关的书法艺术在山西地区亦有非常重要的贡献。陶寺遗址出土的扁壶中有朱书文字，专家解读应为"文"与"尧"。这是我国目前发现的最早的朱书文字，反映出汉字进入了成熟阶段，亦体现出书写工具的进步与变化。在今侯马亦发现了春秋时期的盟书，朱书在玉石片或甲骨上，约有5000件，其形体基本完整，字迹依然清晰者约600件。侯马盟书具有极为重要的历史文化意义，是春秋时期盟誓制度的具体表现。同时，侯马盟书亦极为生动地表现了汉字及其书写形态的发展变化。晋地青铜器极其发达，其上多有铭文，这类文字被称为"金文"。从商至周，以及秦汉，均有金文出现在青铜重器上。周时金文成为书体之主流。金文最早在汉武帝时已被发现，当时有人将在汾河入黄河口之汾阴地区即今万荣发现的大鼎送入宫中。《汉书·武帝纪》记有"得鼎汾水上"，因此汉武帝更年号为"元鼎"。晋系青铜器中的《晋侯稣钟铭文》等影响广泛。此外如栾书缶、晋公盘、长子购臣簠、赵孟介壶等青铜铭文，风格多样，显现出晋地文字书写艺术的复杂性与丰富性。

至汉末魏晋，河东安邑（今夏县）卫氏一族多有书家产生重要影响。其中的卫觊，时人认为好古文，鸟篆、隶草均极擅长。其子卫瓘，书师张芝之草，得其筋骨，有"一台二妙"之誉。卫瓘之子卫恒，也是一位著名的书法家，亦在书法理论上做出了重要贡献，他撰写的《四体书势》论及书体、书论、书史，是中国书法史上第一部系统完整的理论著作。卫恒的弟弟卫宣、卫庭，子卫璪、卫玠均为著名书家。特别是其堂妹卫铄，人称"卫夫人"，在中国书法史上具有重要影响。卫铄出身书法世家，自幼习书，多有斩获，后师钟繇，尤善楷书，传世作品有《名姬帖》《卫氏和南帖》等。卫铄在书法理论上贡献颇巨，著有《笔阵图》，特别对书法艺术中的笔、意关系与书法家个人修养等有深刻的论述，提出了书法创作之用笔六法。卫铄对中国书法的另一重要贡献是培养了王羲之，使之成为中国书法史上极为重要的代表人物。

北魏迁都平城，建立官学，收罗贤达，统一书体法度，初造新字千余。太武帝时颁整齐文字的诏令，要求"永为楷式"。同时，北魏注重任用汉学儒士，其朝廷文诰多由当时的书法家崔玄伯及其子崔浩所撰。他们的书法既受传统影响，又受草原游牧之风浸润，有古朴强健之风，产生了重要影响，为当时士人所重。平城时期，碑刻兴盛，字体渐变，逐渐形成了一种体兼隶楷的文字形态，被称为"魏碑体"。这种书体上承汉隶、下启唐楷，是隶书向楷书演变的重要载体。至迁都洛阳后，吸收南方士人书法之风，字体多有新变，融北方雄健强劲与南方新妍奇逸于一体，出现了一种有别于平城时期的魏碑体。自此之后，晋地多有重要的书家，如唐李世民，其《晋祠之铭并序》刻石于晋祠，其书遒劲有力、骨骼雄奇，有圣王之气，是中国书法史上最早以行书入碑之作，具有开创性意义。张彦远《法书要录》亦辑录了东汉以来至当时的历代书法名家之论，是中国最重要的书法理论文集。宋时米芾用笔迅疾劲健、痛快淋漓。明董其昌评其字为

"宋朝第一"，其子米友仁之书艺亦极出众。

古史中有许多关于音乐的传说，如钱穆先生在其《黄帝》一书中介绍女娲曾制作乐器笙簧、黄帝曾命伶伦造律吕，说伶伦从大夏到阮隃山北寻找合适的竹管，以其吹奏的声音作为基本音，是为"黄钟之宫"。这里的"大夏"即我们所说的以汾河流域陶寺为主的地域，而阮隃则是古代之名山，一说是指昆仑山。如果昆仑山真的就是阳城析城山的话，也可以说音乐之律吕与山西的关系极大。不过这种观点还需要进一步考证。可依据的是，明王室之裔朱载堉所撰《乐律全书》，提到为证明新的十二平均律，朱载堉曾来到上党地区，在羊头山寻找秬黍。因为我国古代以黍定乐律，而这种黍就是上党羊头山所生。汉《律历志》记有"以上党羊头山黍度之为尺，以定黄钟"。春秋时，著名的音乐家，晋国人师旷将音乐分为清商、清徵、清角三类，形成了比较系统的音乐理论，其演奏，如云起风至、鹤鸣而舞，被誉为乐圣。

我国不同的历史时期均有非常重要的音乐作品出现。《周礼》中记有"以乐舞教国子舞《云门》《大卷》《大咸》《大韶》《大夏》《大濩》《大武》"。这里的《云门》《大卷》据说就是黄帝时期的乐舞，《大咸》是唐尧时期的乐舞，《大韶》是虞舜时期的乐舞，《大夏》是夏禹时期的乐舞，《大濩》是商汤时期的乐舞，《大武》是周武王时期的乐舞。如果黄帝确曾在晋南一带活动，那么就与山西的关系极大。而尧舜禹则肯定在山西一带有极为重要的活动，在考古研究中，也出现了许多遗存可以为我们的讨论提供物证。如陶寺遗址中发现了鼍鼓、土鼓、石磬等成套的礼乐器，说明当时礼乐活动已经成为政治文化生活中极为重要的事项。陶寺还发现了用丝绸包裹的红铜铃，这说明铜铃在当时为非常重要的礼乐器物，亦可以证明至少在尧时，人们的音乐活动中已经开始使用青铜乐器，具有非常大的规模与定制。

最初的音乐与舞蹈、诗歌应该是一体的，尽管这种三体合一的形式并不是绝对的，但却是经常的。它们在什么时候分离成为独立的艺术形式，还需进一步研究。至少在周时它们仍然保持了一体的模式。《周礼》中规定，以乐德教国子，中、和、祇、庸、孝、友，以乐语教国子，兴、道、讽、诵、言、语，以乐舞教国子各代之舞蹈。所谓乐德，指音乐所体现的德行，如忠诚等；所谓乐语，则指语言技能，如比喻、用典等；所谓乐舞，则是与音乐相伴的舞蹈。尽管音乐是乐之主体，但仍然伴随有诗歌与舞蹈。至少从周开始，各朝政府设有采风官，采集民间歌谣以了解民风民意。这些歌谣被记录后大部分属于乐的内容已经佚失，留下来的均以诗歌的形式流传，如《诗经》中的《风》即为各地之歌谣。其中的《唐风》《魏风》就是属于晋地之古唐国与古魏国之民间歌谣。据说《诗经》由尹吉甫收集，经孔子编纂，并由其学生子夏记录。后世说诗者有鲁人申培公、齐人辕固、燕人韩婴，合称"三家诗"，已陆续佚失。只有鲁人毛亨、赵人毛苌辑注之诗在民间广为流传，称为"毛诗"。在南北朝时期，多有影响广泛的民歌作品出于晋地，如《敕勒歌》《木兰诗》等。讽刺高洋于晋阳废魏孝静帝自立的青雀子歌亦应与晋有关。

北魏建都平城，山西成为西域与东方联系的中心区域，之后的晋阳也成为国际化都市。山西地区，连接南北，沟通东西，是"丝绸之路"的枢纽，不仅商旅往来频繁，文化交流也成常态。据考古研究，当时有许多表现胡乐胡舞的陶俑、壁画等美术雕塑作品出现。这一时期，东方之高丽乐，西域之龟兹乐舞、疏勒与粟特诸国的伎乐陆续传入内地，特别是平城、晋阳等地。《隋书·音乐志》中记有当时的盛况，指出歌曲《杨泽新声》《神白马》之类，生于胡戎；《永世乐》《万世丰》《于阗佛曲》等乐曲均为胡乐。曲颈琵琶、竖头箜篌，以及五弦、笙、箫、筚篥、长笛等亦为传入之乐器。据说隋文帝颇好乐曲，曾用琵琶作《地厚》《天高》。影响颇大的乐舞还有《兰陵王入阵曲》，今大同司马金龙墓，太原虞弘墓、徐显秀墓、娄睿墓，忻州九原岗墓等出土的石雕、墓葬壁画中均有相关的表现。从粟特地区传入的胡腾舞、胡旋舞等影响广泛。这些外来乐舞不仅大大地丰富了内地的艺术形式，也逐渐与内地之乐舞融合转化，成为中华艺术之重要组成部分。

与乐舞表演相关的是戏剧艺术。早在汉时，角抵戏出现，史籍记载被封于晋地的代王、韩王等以角抵诸戏炫耀。在山西发掘的汉代画像石中，有许多百戏表演的刻像。百戏在社会上流行至广，不断地吸收各地各民族的乐舞成分，得以积极发展。云冈石窟的十二窟中有使用各种乐器进行表演的乐伎，就是北朝时期表演艺术的生动表现。后赵时，出现了参军戏，其中的《兰陵王》《踏摇娘》等最为著名。这些表演已经有了角色设定与故事情节，融舞蹈、道白等于一体，戏曲艺术进一步成型。隋唐时期，歌舞戏曲表演进一步趋向成熟。唐公子李隆基任潞州别驾，聚贤能、赏山水、兴歌舞、选乐伎，唱汉高祖之《大风歌》，往道观听法曲之乐，促进了乐舞之发展。后在长安设梨园，以法曲教乐工，开戏曲之新声。北宋时，出现了一种在戏曲史上产生重要影响的表演形式——诸宫调，其首创者即为泽州人孔三传。这种表演形式具有更丰富的容量，对戏曲的演化起到了重要作用，对元时之表演艺术影响至深，被誉为"北曲之祖"。《西厢记诸宫调》《刘知远诸宫调》《天宝遗事诸宫调》等流传至今。元时，元曲与元杂剧兴盛，中国戏曲进入了历史上最具光芒的辉煌时刻，山西平阳即为当时之戏曲中心。元曲四大家中的关汉卿、白朴、郑光祖均为晋人。此外还出现了石君宝、乔吉、李潜夫、吴昌龄等众多的晋籍著名剧作家。他们的很多作品成为中国戏曲史上最具代表性的经典之作，如《窦娥冤》《救风尘》《拜月亭》《梧桐雨》《倩女离魂》《包待制智堪灰阑记》等。很多文物亦表现了当时的演出情景，如洪洞广胜寺应王殿有《尧都见爱大行散乐忠都秀在此作场》的大型彩色壁画，生动地表现了元杂剧的表演情状。在侯马也发现了金墓中表现戏曲演出的彩塑。

明末清初，一种新的声腔艺术即梆子声腔在河东晋陕交界一带出现。这种声腔继承了北曲腔少字多、腔高板急的风格，借鉴了北杂剧昆腔、青阳腔、弋阳腔等艺术元素，以当地民间小曲与说唱艺术为基础形式。因在音乐配置中使用了梆子，被称为"梆子"或"梆子戏"。亦因其主要流行于晋陕之关中与蒲州河东一带，被人们称为"山陕梆子"。往西传播者被称为"秦腔"，往东传播者称"蒲剧"，亦称"蒲州梆子"或"乱弹"。蒲剧继续向晋之中部、北部发展，陆续形成了中路梆子，即晋剧，亦称"山西梆子"；北路梆子一度被称为"雁剧"。在上党一带出现了受蒲剧影响，融昆、梆、罗、卷、黄多声腔的剧种，被称为"上党梆子"或"上党宫调"。这四大梆子是山西最重要的剧种，其中的蒲剧实为梆子戏之祖。它们在相邻地区传播，凡山西、河北、内蒙古、甘肃、青海、宁夏、四川等地均有晋剧等梆子戏的演出，并对河北梆子、山东梆子、莱芜梆子、柳子戏、江苏梆子、豫剧等剧种产生了影响。

除以上四大梆子外，山西地区还有数十种其他剧种，如在北部以大同为中心的地区流行的耍孩儿、晋南流行的眉户、晋东南流行的上党落子，以及碗碗腔、锣鼓杂戏、赛戏等。此外还有各地之秧歌剧如晋中秧歌、太原秧歌、壶关秧歌、武乡秧歌、介休干板秧歌等，据统计有50多个剧种。除戏曲艺术之外，山西各地流传着众多形态多样、曲式各异的民歌、民间舞蹈、鼓舞等艺术形式。山西亦被誉为是民间艺术的海洋。

第九节　文脉的传承

在漫长的发展进程中，中华文明显现出一个十分突出的特点，即建立了比较完善的历史体系，特别是周以来，出现了许多历史著作，系统地记录不同时期的历史演变。尽管时日久远，这些著作散失严重，但仍有许多作品流传至今，使我们能够比较方便地进入历史。这在世界各文明体系中，几乎是唯一的。亦因此，中华文明能够从初始形态演进成有历史的文明。

目前我们能够看到的比较早的历史著作有《尚书》《春秋》《左传》《国语》《战国策》等。此外，诸如《山海经》等著作虽然并不是历史著作，但亦可发现许多与历史相关的记载，对我们了解上古中国的形态有非常重要的意义。这些著作的作者各异，或已难考证，但在这样的撰写中可以发现山西地区在中国历史上发挥的重要作用，以及山西对中华文明的贡献。其中一些著作，如《国语》《战国策》等甚至更多地记录了在山西发生的历史，这部分篇幅可能占据了全书的大部分内容。

收录在《尚书》中的《尧典》应该是可查阅的最早的历史著作之一。尽管并不是尧或尧时人物所撰，但《尧典》所记尧舜之历史却具有极为重要的意义。如果我们要了解尧舜时期的古中国，《尧典》是最具权威性的著作，其中颂扬了尧的品德功勋，记录了尧制定历法、选拔官吏，以及舜摄政的功绩等。收录在《尚书》中的《禹贡》虽然是一部记录地理及交通贡赋的著作，但也可从中发现历史的踪影。据说《禹贡》是大禹治水时巡视山川大地，考察山水踪迹之后所作，是一步一步走出来的。如果此说有据，《禹贡》的作者应该就是大禹。不过，随着研究的深入，学界基本认为《禹贡》是战国之后的学者托名大禹而作。所谓"九州"，也不一定是当时的实际情况，很可能是后人的一种政治理想。无论如何，在《禹贡》中我们还是能够发现大禹时期的许多历史文化现象，至少有很多与大禹相关的历史在内。

考古发现的甲骨文呈现了商时的社会历史。之后陆续在山西侯马以及河南温县这些在当时属于晋国的地区发现了春秋时期的盟书。这些盟书具有非常重要的历史文化价值，尤其是侯马盟书，反映了春秋末期晋国赵氏集团内部在主盟者赵简子赵鞅等人的主持下，服从指挥，保卫宗庙，共同对敌的誓约。温县今属河南，时为晋国之地。据研究，其盟约可能为晋卿韩简子韩不信主持，亦称"沁阳盟书"。所记内容与侯马盟书相近。这些遗存的盟书散乱错杂，数量众多，从目前并不全面的研究来看，为我们了解当时的社会状况提供了重要的文字记录。在晋地发现的青铜器中也多有金文之铭，虽然字数不多，亦是我们了解当时社会历史的重要文献。其中一些具有独一无二的价值，如翼城大河口墓地发现的霸国青铜器铭文，绛县横水墓地发现的倗国青铜器铭文等均有极为重要的历史价值，为我们了解春秋时期方国的情况，以及不同方国之间的关系提供了实证。在诸子之书与《诗经》等著作中也保留了很多历史资料。不过，无论是盟书、青铜器铭文，还是子书经书，大部分还不是历史著作，更不是成体系的史著，它们对历史的关注是服从于抒情与说理的，其中的史料也不成系统，与独立的史著区别很大。就山西地区而言，出现专业的历史著作要进入汉代。

汉时的史著撰写表现出极为兴盛的态势，一方面是中华大地实现了空前的大一统，社会显现出前所未有的活跃局面；另一方面，生产力巨大进步，表现在社会文化生活层面，繁荣兴旺成为一时之主流，在文学艺术、科学技术诸多方面，均有快速的发展。在这样的时代背景下，史著的撰写也呈现出新的面貌，特别是司马迁的《史记》成为人类历史著作的辉煌之作，既体现了中华文明重道求进、追求统一的哲学理念，也表现出治史撰著之科学严谨。其体例博大宏阔，多有创新，开通史之始。其文字生动鲜活，充满感情，具有极强的文学性。而其治史，有独特的追求，所谓"究天人之际，通古今之变，成一家之言"，乃"史家之绝唱，无韵之《离骚》"，是中华文明的标志性成果，亦是人类文明不可多得的重要收获。正如梁启超所言，"史界太祖，端推司马迁"。

关于司马迁，其籍贯存有不同意见，或认为他是陕西韩城人，但也有很多人认为他是山西河津人。分歧的原因主要源于对龙门的理解。司马迁在《史记》中明确说"迁生龙门，耕牧河山之阳"，为龙门人。但这个"龙门"到底是指今天的韩城还是河津，或包括了韩城与河津两地，所说各异。不过，汉《三秦记》载"河津，一名龙门"，可见时人称龙门是指河津。就"河山之阳"而言，似亦为河津。所谓山南水北为阳。河津正在黄河拐弯东向而流之河北，是为"阳"。而河津亦在龙门山之南，亦是为"阳"。如果此说可证，司马迁应该是河津人。从其先祖之行迹来看，司马氏多在晋地活动，亦可作为佐证。

除司马迁外，汉时山西还有许多撰写了重要史籍的人物，特别是班氏一族，多有重要著作名世。班氏之先自楚迁居山西北部之娄烦，后迁昌陵（今西安临潼一带），前后居晋200余年。在史著方面贡献突出者，首先是班彪，他收罗西汉之事，考察各地形势，继采前史遗事，著《史记后传》65篇，已佚。但其内容多为之后其子班固、女班昭所撰之《汉书》采纳，是《汉书》之重要基础。班彪还著有《前史略论》，对包括司马迁等人所著的史著、历史观进行了分析、评论，是中国古代较早的史学之论，体现了儒家正统的历史观，在中国史学理论史上具有重要地位。班彪子班固，在《史记后传》的基础上编写《汉书》，未成而殁。其妹班昭为我国第一位杰出的女历史学家，她在参与《汉书》编撰的基础上与马续完成全书（其中的《八表》由班昭所著，《天文》由班固之弟子马续著）。《汉书》又名"前汉书"，主要记录了汉高祖时至王莽初约230年间的历史，与《史记》《后汉书》《三国志》等并称为"前四史"。该著在史著体例上有重要新创，是我国第一部纪传体断代史，亦为继《史记》之后的又一部极为重要的历史著作。

魏晋南北朝时期，中国经历了一个从统一而分裂再走向统一的轮回，其间，在史学方面多有重要之作，尤以"史学三裴"影响最大。裴松之，河东闻喜人，活动于东晋及南朝刘宋时，少而好学，长而仕宦，受宋文帝之命，为陈寿《三国志》作注，成《三国志注》。该作在史著体例上多有创新，特别是对史家作注之作有新的开拓。其时史家作注多解释音义、名物、地理等。裴松之则将注扩展为补缺、备异、惩妄、论辩等多个方面，补充了大量原著中缺少的史料，引用了许多相关著作的资料，使原著更为丰富周全。同时，对不同的观点也逐一注明，供人参阅，对认为错讹的说法进行了辩证。所谓搜采广博、多存异书、考证辨析、至为精当，开创了史注之新法与史料之比较考证法。裴松之还著有《晋纪》《集注丧服经传》等多部。其子裴骃，承其父注史之法，作《史记集解》，为《史记》补充了大量历史、地理、典章制度等史料。该作与唐司马贞的《史记索隐》、张守节的《史记正义》并称为"史记三家注"。裴松之曾孙、裴骃之孙裴子野亦志于史著，曾删沈约之《宋史》成《宋略》。

隋唐时期，山西地区出现了几位重要的史学家，其中的王劭，太原人，仕北齐、隋，曾任著作郎20年，专志于史，编著《隋书》80卷，著有《平贼记》3卷、《读书记》30卷，尤以重撰之编年体《齐志》20卷、传记体《齐书》100卷最具影响。因敢于直书、长于叙事及善用口语而受人称赞。太原祁（今祁县）人温大雅曾参与李渊起兵，作《大唐创业起居注》，为编年体史著。该著记录了李渊太原起兵至建唐称帝期间的行止过程，具有极为珍贵的历史价值。蒲州河东（今永济）人柳芳，一生笃志论著，与史官韦述撰《国史》130卷，为唐前期国史的最后一个定本，后又成《唐历》40卷，在谱学方面著有《永泰新谱》20卷。

宋辽金元，各方博弈，山西成为焦点地区。这一时期，山西学人在治史立著方面也有非常重要的成就。五代至宋初，出现了一位杰出的历史学家王溥，并州祁（今祁县）人，他主持编修了《唐会要》与《五代会要》两部会要体史著。其中的《唐会要》是现存会要体史著中最早的著作，具有非常重要的史料价值。《五代会要》集后梁、后唐、后晋、后汉与后周诸朝之旧史实录，分类编撰，是关于五代典章制度最早的著作。

宋时最重要的史学著作为司马光主撰之《资治通鉴》。司马光，时陕州夏县（今山西夏县）人，幼通《春秋》，好学强识，长而出仕，著述颇丰，曾任并州通判。在宋神宗支持下，延揽刘攽、刘恕、范祖禹等，研析历史，著《资治通鉴》294卷300多万字。该著叙述了自周威烈王时三国分晋，至后周世宗被赵匡胤所灭计1362年的历史。

《资治通鉴》与之前的断代史体例不同，为我国第一部编年体通史。梁启超认为"天地间一大文也。其结构之宏伟，其取材之丰赡，使后世有欲著通史者，势不能不据以为蓝本，而至今卒未有能愈之者焉"。这部杰出的历史著作实为世界史学极为重要的代表之作。司马光著述颇丰，凡立论、诗词、哲学、医学等多有重要之作，除《资治通鉴》外，还有《通鉴举要历》80卷、《稽古录》20卷，以及《注古文学经》《易说》《涑水记闻》等多种。朱熹曾称司马光、周敦颐、邵雍、程颢、程颐、张载为北宋"道学六先生"。

金元时期，山西亦为最重要的政治文化中心。金在山西平阳（今临汾）设经籍所，专责撰写史书。时元好问为金国史院编修。金亡，元好问隐居不仕，志编金史，成《壬辰杂编》，为当时最重要的史学著作，该作史料丰富，著述严谨。此外，元好问还著有《金源君臣言行录》，为据所集史料中金朝君臣遗言往行的资料编撰而成。此二著均为元时编撰《金史》之主要依据。另一位山西浑源人刘祁，在元攻破金都汴京（今开封）后回乡潜心问学，著有笔记体史著《归潜志》14卷，所记金之亡国诸事及金之人物轶事，生动而丰富，被认为是治金史不可或缺的必备史料，其对时政治之褒贬、人事之评议显现出深刻的思想内涵。至清，西北史地学派兴起，晋之太原人阎若璩，以及寿阳人祁韵士、平定人张穆等有大量极为重要的著作。这些著作以对西北地理的考察辨析为主，显现出非常重要的史学价值，为研究梳理中国西北地区之疆域、历史、文化、民情做出了极为重要的贡献。

总体来看，作为中华文明之主要发祥地，山西地区在中华文明史传传统的形成、发展中有非常重要的贡献，其一为开创之功；其二为新变之力；其三为标志性的代表之作，特别是在史著文体的贡献方面极为突出。

中华地域极为辽阔，地形地貌复杂多样，涌现出了一批又一批重要的地理学著作。不过总体来看，这些地理学著作并不是单纯的地理研究，其间亦体现出丰富的历史文化内涵，是我们了解或一时期社会形态的重要依据。

最早且最重要的地理学著作应该是托名大禹的《禹贡》，为中华地理的奠基性著作，亦表现出中国最早的地域认同，其作者一般认为应该是战国时期之人，但已不可考。《禹贡》记录了大禹在治水过程中随山刊木，迹遍天下，"茫茫禹迹，画为九州"的事迹。"禹迹"也就由此而成为九州华夏之代称。所谓九州，就是天下以冀州为中心的九部分，分别是冀、兖、青、徐、扬、荆、豫、梁、雍。其中的冀州之名，源于黄河龙门口所处之地今山西河津，河津古称"冀"。冀州地域主要是晋、燕之地，大致与今天的山西，河北大部、河南一部，以及内蒙古、辽宁的小部对应。《禹贡》对九州之地的山水形势、道路计里、贡赋物产等做了描绘，还提出了"五服"的概念。五服包括甸、侯、绥、要、荒五种纳贡层次，也体现出不同的地理意义与社会治理要求。不过有研究者认为，并不是大禹之时已经有了明确的九州之分，《禹贡》应该是后人托大禹而表现的一种地理与社会理想。

从战国诸侯争雄到秦汉一统，中国再一次实现了统一的政权治理与地理连通，以中原地区为文化中心的地理疆域逐步演化，形成了稳定的地域形态。其中的卫青、霍去病抗击匈奴，不仅维护了中原地域，亦打通了中原与西域的联系。班超、班勇父子经略西域，维护了连通东西的"丝绸之路"。同时，汉经营岭南之地，使民族认同进一步增强，中华之疆域进一步巩固。西晋时，河东闻喜人裴秀主编完成《禹贡地域图》。他发现《禹贡》中的山川地名沿用已久，与现实多有差距，于是查阅资料，甄别注解，终成18篇。这部著作的编撰，标志着中国乃至世界上第一部以文字形式记载的地图集的诞生，是中国古代地图学的开创之作。李约瑟认为裴秀是中国科学制图学之父，与古希腊之著名地图学家托勒密齐名，是世界古代地图学史上东西辉映的两颗灿烂之星。所憾该作已佚，仅有其序存。

至晋，佛教在内地传播日盛，西行求法兴起，其最早的代表人物就是法显。世人认为法显是西行求法第一人。法显，俗姓龚，平阳武阳（今长治襄垣）人。东晋隆安三年（399），60多岁的法显从长安出发，开始了他的求法之旅。他与同伴经河西走廊，穿塔克拉玛干大沙漠，至于阗，入今巴基斯坦、阿富汗，终至今印度各地，后达今斯里兰卡，乘商船返回，于青州（今青岛崂山）一带登陆，前后约14年之久，游历30余国，带回《摩诃僧祇律》《萨婆多律抄》等梵文佛经。回国后在建康（今南京）译经，与同道共翻译了被称为五大佛教戒律之一的《摩诃僧祇律》等6部63卷。法显最具影响的作品是《佛国记》，又名"法显传"。该作记录了法显等人求法之历程及所遇所见之人事，对中亚、印度、南洋各国的地理、交通、宗教、文化、物产、民情等有详细生动的记载。《佛国记》不仅是一部西行求法的传记，也是一部关于东亚、南亚各国的重要历史文献，特别是对印度历史的构建具有极为重要的价值。中国西域地区的历史文献亦较少，特别是关于鄯善、于阗、龟兹等古国的资料尤为珍贵。《佛国记》对我国西域地区的历史地理之描述有着极为重要的意义，也是中国古代南海交通史极为宝贵的史料，因其中对信风、航道等的记录成为我国最早的有关航海的文献。由此，它在世界学术史上具有极为重要的地位，被翻译成30多种文字在各国发行。

东晋时期，河东闻喜人郭璞著有《山海经注》。郭璞为时之文学家、训诂学家，亦为时道学术数大师及游仙诗之祖师，其学术上最重要的成就是对《山海经》的注释，不仅对《山海经》文本内容进行了训诂解注，亦表达了自己对《山海经》的研究所得，影响深远。此外，郭璞还对《尔雅》《方言》《穆天子传》等进行了注释，此四部注书亦是今天我们所能见到的最早的注本。

隋时，河东闻喜人裴矩著《西域图记》3卷，记录了西域44国的地理民情。裴矩先后在北齐、北周、隋唐任职，特别是隋时受命掌管西域事务，收集了大量与西域有关的资料，终成图记，详细记录了从敦煌通往西域各地，以至地中海、中亚与南亚的道路交通，是最早记录中国及亚洲连通欧洲交通的文献，也是第一部图文并茂地记述西域史地的独创性著作，是关于我国边疆历史地理研究最重要的成果之一，为以后的《海国图志》等提供了蓝本。此外，他还著有《开业平陈记》12卷、《邺都故事》10卷、《高丽风俗》1卷，并与虞世南合撰《大唐书仪》10卷。

金元时期，山西浑源人刘祁、刘郁各有极为重要的历史地理著作问世。刘祁著有《北使记》，收入其《归潜志》中。所记为兴定四年（1220），金朝将亡前派遣礼部尚书侍郎乌古孙仲端前往成吉思汗大帐通好。他们从中原出发，长途跋涉，穿越西域各地至铁门关，求见成吉思汗。隔年再次出行亦无果而返。乌古孙仲端返国后，将自己的经历口述与好友刘祁。刘祁记录了他们的所见所闻，特别是西域及中亚地区之季节气候、民情风俗、人物性格、物产器具等，具有极为重要的历史地理价值。由于金朝称蒙古为"北朝"，故名"北使记"。其弟刘郁，曾在亡金后的蒙古任职。时旭烈兀奉命征讨西域各国，攻克报达（今巴格达）等地，进入今叙利亚。元宪宗派使臣常德赴西域视事，至报达，停留一年多后返回和林。刘郁随常德经西域各地，记录了他们出使西域的情况，成书名"西使记"。该著描述了元时波斯、印度、巴格达等地的风土人情、地理名物，特别是补辩考证了许多其他著作中的错讹之处。书中还记录了许多晋地人民在西域的生活情况。魏源曾收其于《海国图志》，法俄等国先后翻译出版，是研究中古中亚史的重要著作，亦是研究13世纪东西方历史、地理、文化、交通的重要文献。

十七、十八世纪，东西方交流交融进入新的兴盛期，一方面是欧洲各国传教士纷纷来到中国传教，另一方面是中国也有很多人出洋至欧。这其中就有一位山西籍人士樊守义，作为康熙之特使随员到了欧洲，并在回国后撰写了一部《身见录》。樊守义，山西绛州（今新绛）人。绛州为山西也是中国最早有传教士的地区，这里有很多人加入了天主教。1702年，康熙命意大利人艾若瑟、西班牙人陆若瑟往罗马谨见教皇处理"礼仪之争"事，樊守义同行。艾、陆先后病故，樊守义在欧13年，返回后著此书。书中记录了他们一行往欧洲的行程见闻及在欧洲期间的活动，是中国人撰写的最早介绍由中国抵达欧洲及欧洲情况的著作。

清时，西北史地学派兴起。此派学人多亲历西北之地，进行实地考察，撰写所见所闻，对中国西北边域的记录极为珍贵，在治学方法上亦改单纯考据的旧路，以亲历考证为长，是中国学术研究方法的一次重要飞跃。其中的山西籍学者贡献颇重。不过，山西学界重视研究地理学之风当溯源于清初著名学者太原人阎若璩。他是汉学或考据学发轫的重要代表之一，著有《古文尚书疏正》，地理学方面的著作有《四书释地》及其续、又续、余论等4部，为历史地理学中的佳作。真正代表西北史地学派学术成就的山西籍学者有祁韵士、张穆。祁韵士，山西寿阳人，被发配至新疆伊犁。在新疆期间，他亲历各地，收集了大量的第一手资料，所言多为亲至，所著《蒙古回部王公表传》

为有清一代对西北边疆史地进行系统研究的发轫之作，亦为西北边疆史地学研究的奠基之作。此外，祁韵士还著有《万里行程记》，编定《西陲总统事略》《西陲要略》《西域释地》等，为西北地理学派的开拓者与奠基人之一。另一位重要的学者是平定人张穆，他在祁韵士研究的基础上进一步发展与创新了边疆史地学。由其整理祁氏之《蒙古回部王公表传》底稿资料撰成的《皇朝藩部要略》，为了解新疆、西藏等地历史地理的开拓性著作；所著《蒙古游牧记》考证精密，史料丰富，用地志体例变通创新，是中外研究蒙古历史地理的权威著作。此外，张穆还著有《俄罗斯补辑》《魏延昌地形志》等，与徐继畬等多有往来。

徐继畬，山西五台人，先后在福建、广州等地任职，卸任后回乡讲学。徐继畬忧国忧民，坚决抗英，与往来外商使节多有交往，著有《瀛寰志略》10卷。该著从全球着眼，介绍了各洲各国的地理、历史、风物、政治、文化，是一部突破天朝意识，睁眼看世界的重要著作，顺应了时代发展的要求。美国华盛顿纪念馆有徐氏评价华盛顿的石碑。《瀛寰志略》对中国之后的洋务运动、戊戌变法、辛亥革命，推进中国的近代化进程等产生了极为重要的影响，亦对日本明治维新产生了深刻影响。

中华传统著作，不仅文史哲不分，史地政亦难别，关于历史、地理及以政治为主的社会形态的研究往往融为一体，共成一著。这与中国传统文化中思维方式的整体性、系统性有极大的关系，亦与强调个人的感觉与顿悟有关。我们介绍的这些著作实际上并不是单纯的现代意义上的某一学科的研究，它们往往体现出某种时代的精神追求、哲学背景、价值指向，亦因思维方式的特殊性，在表达上表现出明显的个性色彩与文学性，以及现代意义上多学科的关联性。这里的介绍主要是为了让大家有一个比较清晰的认知而大致区分出历史学科、地理学科等，实际上这些著作并不局限于某一学科，而是旁及许多方面，这是中国传统古典著作一个非常明显的特点。

中华文明历史悠久、博大精深，其成果灿烂辉煌、影响深远。山西地区是中华文明的主要发祥地，为其形成、发展与壮大做出了不可或缺的巨大贡献，形成了延绵接续、生生不息、从无中断的文明形态，至今仍闪射着动人的光芒，显现出强大的生命力。在山西，我们可以触摸历史的脉络，感受古老文明的活化形态，回顾人类筚路蓝缕、自强不息、创造新变的历史进程，并寻找人类走向未来的智慧与力量。

结　语

　　中华文明是人类诸文明中极具特色的文明形态，具有独特的自然地理条件，形成了独特的生产生活方式，这就是以精耕细作为主的农耕生产，并间以渔猎、畜牧、游牧、商贸等生产方式的生产形态。在此基础上，中华民族形成了以定居为主的生活方式，以及由此决定的思维方式、情感形态、价值体系与方法论，不仅具有悠久的历史，亦具有强韧的生命活力与创造力、魅力，是人类诸文明形态中唯一没有中断、延续至今的文明。我们对其滋生、发展还需要更多的研究认知，这样才会更深入地了解我们的历史、文化，认清现实存在的意义、方向，寻找到通达未来的路径、希望。

　　梳理清楚华夏文明及其演进之后的中华文明之形成发展脉络，意义重大。山西是华夏文明的主要发祥地，本书就是从山西这一特定地域着手，进行的初步梳理。尽管是从山西着手的，但我并不认为这一是一部区域性意义的著作，相反，我尽量从一个特定的地域切入，使这种梳理具有全局性意义。也就是说，这并不是一部仅仅谈山西的著作，而是一部以山西为切入点，力求能够反映华夏文明形成与演进的整体形态的作品。希望这种努力能够大致反映出这一古老文明的演变特点及其所具有的精神品格，并由此向我们的文明致敬。

这部不成敬意的小书写了一年左右，到今天终于完成了初稿。对于我，这只是一个逗号，还有很多课题需要进一步学习体验研究。也希望通过这本小书的出版使更多的人能够了解中华文明，了解我们的历史与文化，并不断增强文化自信，增强走向未来的力量。同时，我也希望读者诸君能够提出批评指导意见，帮助我纠正错谬、精进学业，为社会奉献更好的学习心得。

新的一年已经到来，在历史的长河中，这仍然是一个充满了希望的时刻。谨以为志。

图书在版编目（CIP）数据

何以直根：漫谈山西与中华文明 / 杜学文著.—太原：山西人
民出版社,2023.4（2023.7重印）
（"走读山西"系列丛书 / 王爱琴, 杜学文主编）
ISBN 978-7-203-12476-4

Ⅰ.①何… Ⅱ.①杜… Ⅲ.①文化史—山西
Ⅳ.①K292.5

中国版本图书馆CIP数据核字（2022）第210185号

何以直根：漫谈山西与中华文明

著　　者：杜学文
责任编辑：高　雷
复　　审：刘小玲
终　　审：武　静
特约编辑：王　姝　　吕轶芳　　常艳芳
装帧设计：张镤尹

出 版 者：山西出版传媒集团·山西人民出版社
地　　址：太原市建设南路21号
邮　　编：030012
发行营销：0351-4922220　4955996　4956039　4922127（传真）
天猫官网：https://sxrmcbs.tmall.com　电话：0351-4922159
E－m a i l：sxskcb@163.com　发行部
　　　　　　sxskcb@126.com　总编室
网　　址：www.sxskcb.com

经 销 者：山西出版传媒集团·山西人民出版社
承 印 厂：山西基因包装印刷科技股份有限公司

开　　本：890mm×1240mm　1/32
印　　张：8.875
字　　数：200千字
版　　次：2023年4月　第1版
印　　次：2023年7月　第2次印刷
书　　号：ISBN 978-7-203-12476-4
定　　价：70.00元

如有印装质量问题请与本社联系调换